新能源汽车
认知、使用与维护

主　编　黄　锋　陈叶叶　孟祥文
副主编　范天赐　赵若愚　徐帅兵　李世伟　谷　磊
主　审　倪红军

北京理工大学出版社
BEIJING INSTITUTE OF TECHNOLOGY PRESS

内 容 简 介

　　本教材是新能源汽车技术专业的核心课程，该课程面向新能源汽车维修技师岗位，旨在培养学生安全操作高压系统检修、新能源汽车各系统的使用与维护等技能。通过学习本教材，帮助学生从新能源汽车的驾驶操作、驱动系统、底盘系统等内容的维护、交直流充电桩的使用与维护等方面学习新能源汽车的使用与维护知识，使学生熟悉电动汽车安全操作及防护措施的基本要求，掌握电动汽车维护及检查工作的安全使用方法，并掌握故障应急处理正确流程。本教材适应新能源汽车技术的新发展，展现了新能源汽车领域的新技术、新工艺、新规范，融入1+X证书和职业能力竞赛技能点，配套理实一体化的教学资源，便于使用者进行线上线下混合式教学。为贯彻落实立德树人根本任务，教材通过"课堂讨论、中国制造、素养加油站"等途径融入课程思政，在教学环节中培养学生服务意识、安全意识、诚信意识、职业素养及工匠精神。

　　本教材作为高等院校、高职院校新能源汽车技术、汽车制造与试验技术等专业的教学用书，也可作为初入新能源汽车行业者的参考用书。

图书在版编目（CIP）数据

　　新能源汽车认知、使用与维护／黄锋，陈叶叶，孟祥文主编. -- 北京：北京理工大学出版社，2024.2
　　ISBN 978-7-5763-3969-7

　　Ⅰ.①新… 　Ⅱ.①黄… ②陈… ③孟… 　Ⅲ.①新能源-汽车-使用方法②新能源-汽车-车辆修理 　Ⅳ.①U469.7

　　中国国家版本馆 CIP 数据核字（2024）第 093854 号

责任编辑：王晓莉		文案编辑：王晓莉	
责任校对：周瑞红		责任印制：李志强	

出版发行 /	北京理工大学出版社有限责任公司
社　　址 /	北京市丰台区四合庄路 6 号
邮　　编 /	100070
电　　话 /	（010）68914026（教材售后服务热线）
	（010）68944437（课件资源服务热线）
网　　址 /	http://www.bitpress.com.cn

版 印 次 /	2024 年 2 月第 1 版第 1 次印刷
印　　刷 /	河北盛世彩捷印刷有限公司
开　　本 /	787 mm×1092 mm　1/16
印　　张 /	17
字　　数 /	344 千字
定　　价 /	79.00 元

　　汽车业不仅承担着满足国防、经济建设、社会发展需要的职责，还承担着提供高水平轿车、满足人民日益增长的消费需求、提高人民幸福指数的任务。随着中国经济的快速发展，汽车技术也发生了新变化。新能源汽车产业的快速发展，导致新能源汽车产业对技术技能型人才的需求也在不断增大，为了满足新形势下对专业人才培养的需求，我们编写了《新能源汽车认知、使用与维护》一书。在本书的编写过程中，以学生为中心，通过以工作任务为目标的培养方式，力求做到学生知识、能力、素质的协调发展。本书为中德先进职业教育合作项目（SGAVE 项目）、湖州市十四五一流专业新能源汽车技术专业、高等学校访问学者教师专业发展项目的建设成果。

　　本教材力求体现如下特点：

　　（1）内容丰富：本教材为了便于学生更好的进行新能源汽车使用与维护相关知识的学习，在教材的编写中穿插了很多图片，并配备了相应的习题。

　　（2）项目引领：本教材编写时结合新能源汽车企业岗位需求，以真实工作项目为引领，体现行动导向的教学观。

　　（3）能力本位：本教材在每节都配有相应的实训项目，给出了知识与技能目标，增强了训练的目的性与针对性，进一步提高学生动手操作能力。

　　本书可作为职业院校新能源汽车技术专业的教学用书，也可作为汽车维修专业培训用书和相关技术人员的参考书。

　　本书由湖州职业技术学院黄锋、衢州职业技术学院陈叶叶、广州车拉夫汽车科技有限公司孟祥文担任主编，湖州职业技术学院范天赐、赵若愚、徐帅兵担任副主编。本书中的视频资源由广州车拉夫汽车科技有限公司赞助支持拍摄。全书由南通大学倪红军主审。

　　在本书编写的过程中，编者参阅了大量的参考文献、资料、教材、网站资料等，在此对相关作者表示感谢。由于编者水平有限，书中难免有不足之处，敬请同行、专家和广大读者指正。

编　者

2023 年 11 月

目　录

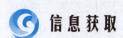

任务一
新能源汽车分类及购车指南

教学目标

知识目标

(1) 了解发展新能源汽车的战略意义。

(2) 熟悉新能源汽车的定义与分类。

技能目标

(1) 能够描述典型新能源汽车的组成部件。

(2) 能够描述新能源汽车的典型种类、结构特点和优缺点。

素质目标

(1) 培养爱国主义精神,激发对我国新能源汽车产业的自豪感。

(2) 培养信息搜集与自主学习能力。

情景导入

李伟是一家新能源汽车4S店的维修技师,某天一位购车客户想了解一下新能源汽车,李伟的师傅为了考验他的实习效果,让他为客户讲解新能源汽车的相关知识,为客户提供购车指导。他如何才能完成这项任务?

信息获取

一、新能源汽车发展现状与趋势

(一) 国民经济发展的需要

新能源汽车产业是我国国民经济的重要支柱产业,是推动新一轮科技革命和产业变革的重要力量,是建设制造强国的重要支撑,是国民经济的重要支柱。我国汽车产销规模在过去近20年间飞速增长,已连续12年稳居全球第一。由工业和信息化部指导、中国汽车工程学会组织全行业 1 000 余名专家历时一年半修订编制的《节能与新能源汽车技术路线图 2.0》中提到，汽车产业的产值和增加值连年攀升，并带动上下游诸多关联产业的快速发展，在国家经济增长中发挥了重要作用。同时，汽车产业也为国家提供了大量的优质就业岗位。汽车产业作为我国经济发展的龙头支柱产业，具有产业链长、辐射面宽、带动性强的特点。根据国家统计局数据，继 2023 年第一季度中国首次超越日本成为全球第一大汽车出口国之后，2023 年上半年，中国汽车出口继续保持强劲势头，稳坐世界第一的位置。中汽协整理的海关总署的数据显示，2023 年上半年，我国汽车整车出口 234.1 万辆，同比增长 76.9%，其中新能源汽车表现亮眼。1—6 月，我国出口新能源汽车 72.28 万辆，同比增长 136.5%，占出口总量的 32.1%。这标志着我国从"汽车大国"到"汽车强国"迈出了重要一步。2013—2023 年我国汽车出口量变化情况如图 1-1 所示。

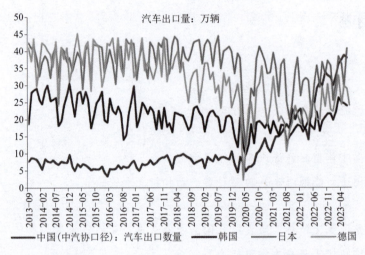

图 1-1　2013—2023 年我国汽车出口量变化情况

（二）生态文明建设的需要

随着内燃机汽车大规模普及，石油依赖凸显、大气污染严峻、温室气体剧增、城市交通拥堵对汽车产业发展形成了巨大压力。2005 年 8 月 15 日，时任浙江省委书记的习近平同志在浙江湖州安吉考察时，首次提出了"绿水青山就是金山银山"的科学论断，后来，他又进一步阐述了绿水青山与金山银山之间三个发展阶段的问题。习近平同志的"两山"重要思想，充分体现了马克思主义的辩证观点，系统剖析了经济与生态在演进过程中的相互关系，深刻揭示了经济社会发展的基本规律。在"两山理论"的指引下，我国提出 2035 年"生态环境根本好转，美丽中国目标基本实现"的战略目标，这就要求我国汽车产业技术加速向清洁低碳化转型升级。

环保问题不断凸显，蓝天保卫战要求低排放发展。汽车尾气排放已成为多种污染物的重要来源之一。气候变化问题日益突出，低碳绿色发展要求汽车产业低碳化转型。气候变化问题正日益受到全球重视，目前，已有 77 个国家、10 个地区以及 100 多个城市承诺在

2050 年前实现"碳中和",即达成二氧化碳净零排放,如图 1-2 所示。我国也提出在 2030 年实现"碳达峰",2060 年实现"碳中和"。当前,道路交通排放已经占到全球碳排放总量的 18%(IEA:Tracking Transport 2020),是温室气体排放的重要组成部分。发展新能源汽车,可以有效扭转温室气体排放快速增长的局面,并推进实现汽车领域低碳化和绿色发展。

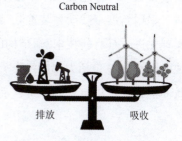

图 1-2 碳中和含义

(三) 智能网联汽车产业的发展

在能源革命和新材料、新一代信息技术不断突破的背景下,"安全、高效、便捷、经济、绿色"出行成为人们消费需求升级的主要方向。新一代信息技术、大数据、人工智能、云计算、物联网等先进技术在出行领域加速应用,在满足出行需求的同时,也将引发汽车产品技术、功能、形态等多方面的变化,汽车产品正从交通工具转变为大型移动智能终端、储能单元和数字空间,乘员、车辆、货物、运营平台与基础设施等实现智能互联和数据共享。

"互联网+汽车"融合发展成为必然。在新一轮科技革命和产业变革的背景下,学科交叉创新、系统集成创新、跨界融合创新成为产业常态,跨界融合成为必选项。推动"互联网+汽车"融合,一是要推动汽车与能源的融合发展,加强汽车与电网的双向能量互动,促进新能源汽车与可再生能源融合发展;二是要推动汽车与交通的融合发展,促进一体化智慧出行服务发展,构建智能绿色物流运输体系;三是要推动汽车与信息通信技术融合发展,加强互联互通和信息交互,推进以数据为纽带的"人—车—路—云(V2X)"高效协同,打造信息安全保障体系。通过推动"汽车+跨界"融合发展,逐步构建出有中国特色的智能网联汽车、智能交通、智慧城市深度融合发展的新型产业体系和产业生态系统。智能网联汽车技术架构如图 1-3 所示。

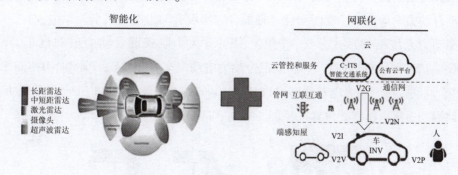

图 1-3 智能网联汽车技术架构

二、新能源汽车分类

(一) 新能源汽车的定义

我国国家发改委制定、发布实施的《新能源汽车生产准入管理规则》中对新能源汽车的定义如下：新能源汽车系指采用非常规的车用燃料作为动力来源（或使用常规的车用燃料、采用新型车载动力装置），综合车辆的动力控制和驱动方面的先进技术，形成的技术原理先进、具有新技术/新结构的汽车。新能源汽车包括混合动力汽车、增程式电动汽车、纯电动汽车（包括太阳能汽车）、燃料电池电动汽车、氢发动机汽车及其他新能源（如高效储能器、二甲醚）汽车等。新能源汽车分类如图1-4所示。

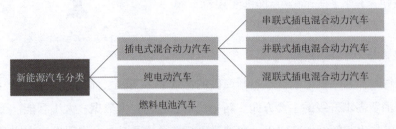

图1-4　新能源汽车分类

新能源汽车的
定义、分类及发展

（二）混合动力汽车（HEV，Hybrid Electric Vehicle）

混合动力汽车是指车辆驱动系统由两个或多个能同时运转的单个驱动系统联合组成的车辆，车辆的行驶功率依据实际的车辆行驶状态由单个驱动系统单独或共同提供。因各个组成部件、布置方式和控制策略的不同，混合动力汽车有多种形式。

按照混合形式分类：可以分为油电混合动力、气电混合动力、电电混合动力。

按照动力系统结构分类：大致可以分为不可外接充电型混合动力电动汽车（HEV）和插电式混合动力电动汽车（PHEV，Plug-in Hybrid Electric Vehicle）。

按照车辆用途分类：混合动力电动乘用车、混合动力电动客车、混合动力电动货车等。

按照混合度进行分类：大致可以分为轻度混合（弱混合）型混合动力电动汽车、中度混合型混合动力电动汽车、重度混合（强混合）型混合动力电动汽车。

按照动力系统结构形式分类：PHEV又可分为串联式混合动力电动汽车（SHEV，Series Hybrid Electric Vehicle）、并联式混合动力电动汽车（PHEV，Parallel Hybrid Electric Vehicle）、混联式混合动力电动汽车（PSHEV，Series-Parallel Hybrid Electric Vehicle）。

按照混动系统电机摆放位置（见图1-5），可以分为以下5种：

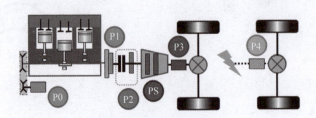

图1-5　混动系统电机摆放位置

P0：一般称为BSG电机，安装在发动机前端，通过皮带与发动机连接，一般功率较小，不能独立驱动车辆，通常作为发电机。

P1：一般称为 ISG 电机，安装在发动机后端，与发动机刚性连接（集成在飞轮上或通过齿轮与飞轮结合）。一般替代起动机并作为发电机，功率更大。

P2：位于变速箱离合器之后，变速器之前，有些会在电机和变速箱之间放置第二个离合器以断开电机和变速箱的连接。电机功率可以做得比较大，可以通过变速箱变速直接驱动车辆实现纯电行驶。

P3：位于变速箱之后，通常与变速箱输出轴或主减速器直接连接，功率较大，可以直接驱动车辆纯电行驶。

P4：位于后桥上，功率较大，可以驱动车辆纯电行驶。

1. 串联式混合动力电动汽车

串联式混合动力汽车也称增程式混合动力汽车（REEV，Range Extend Electric Vehicle），即使用发动机进行发电，电动机进行驱动的车辆。当电池组电量充足时采用纯电动模式行驶；而当电量不足时，车内发动机启动，带动发电机给动力电池充电，提供电动机运行的电力（即增程模式）。增程式混合动力汽车在所有工况下，都不能由发动机直接驱动车轮行驶，仅能通过电动机驱动。

增程式混合动力汽车相当于是在纯电动汽车的基础上，安装了一个小型的发动机和发电机组合（由发动机带动发电机）以备电池电量不足时进行充电，其工作原理如图 1-6 所示。

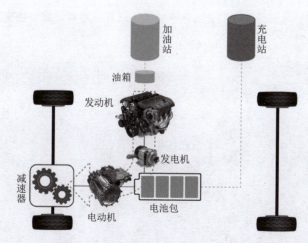

图 1-6　串联式混合动力汽车工作原理

增程式混合动力汽车有以下 7 种工作模式：

（1）纯粹的电牵引模式：发动机关闭，车辆仅由蓄电池组供电、驱动。

（2）纯粹的发动机牵引模式：车辆牵引功率仅源于发动机—发电机组，而蓄电池组既不供电也不从驱动系统中吸收任何功率。电设备组用作从发动机到驱动轮的电传动系。

（3）混合牵引模式：牵引功率由发动机—发电机组和蓄电池组两者在电耦合器中交

汇，共同提供。

（4）发动机牵引和蓄电池组充电模式：发动机—发电机组和蓄电池组同时向蓄电池组充电和驱动车辆所需功率。该发动机—发电机组功率在电耦合器中实施分解。

（5）再生制动模式：发动机—发电机组关闭，而牵引电动机运行如同一台发电机，由车辆的动能或位能赋予动力。它所产生的电功率用于向蓄电池组充电，以及重复用于往后的驱动之中。

（6）蓄电池组充电模式：牵引电动机不接收功率，发动机—发电机组仅向蓄电池组充电。

（7）混合蓄电池充电模式：发动机—发电机组和运行在制动的发电机状态下的牵引电动机，两者都向蓄电池组充电。

增程式混合动力汽车的优点可以解决续航焦虑的问题，日常同样可以把它当作电动车使用，在电量不足时打开增程器，让它使用燃油为电池供电，增程器一直处于高效率运转区间，因此燃油部分费用也比较低廉。增程式混合动力符合国内新能源汽车政策要求，能够享受新能源优惠政策，并悬挂绿牌，因此在国内一些燃油车限购城市较受欢迎。增程式混合动力汽车的缺点是造价较高，因此目前搭载了增程式混合动力车型的产品价格也比较高。电动车在长时间高速行驶时，电耗较高，因此增程式混合动力汽车在长时间高速行驶时同样存在这一弊端。除此之外，增程器也需要进行更换机油等保养，虽然频次较低，但也会产生费用。理想 L9 是这一车型的典型代表，如图 1-7 所示。

图 1-7　增程式混合动力汽车——理想 L9

2. 并联式混合动力电动汽车

并联式混合动力汽车的发动机和电驱动系统可以各自分别来驱动车辆行驶。其名称之中的"并"字可以简单理解为发动机和电动机是"并列"起来可以各自去驱动汽车的，其工作原理如图 1-8 所示。

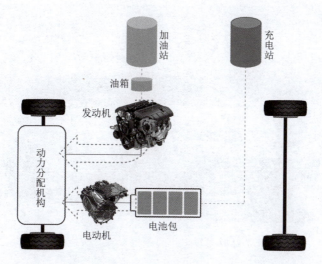

图 1-8　并联式混合动力汽车工作原理

如同传统内燃机车辆一样，并联式混合动力电驱动系统是一个由发动机直接向驱动轮供给机械动力的驱动系统，它由机械上与传动线相配合的电动机予以辅助，并通过机械联轴器两者共同配合提供动力。这一结构的特异性能是利用机械联轴器将由发动机和电动机提供的两个机械功率组合在一起。并联式同样也具有上述串联式的 7 种工作模式，但并联式有以下优点：

（1）发动机和电动机都直接向驱动轮提供转矩，不存在能量形式的转换，因而能量损失较少；

（2）由于不需要附加的发电机，以及牵引电动机相较于串联式电驱系统中的牵引电动机要小，因此其结构紧凑。

并联式的主要缺点是：发动机和驱动轮之间存在着机械联轴器，因此发动机的运行点就不可能固定在一个狭小的转速和转矩区域内。此外两套动力系统也导致了车辆结构和控制复杂，典型的并联式混合动力汽车吉利帝豪 EV450 如图 1-9 所示。

3. 混联式混合动力电动汽车

混联式混合动力电动汽车是在并联式混合动力驱动形式的基础上，从发动机的动力输出部分新增了一条能量传输路径：发动机除了可以驱动车轮之外，还可以通过发电机把能量传递到电池包，其工作原理如图 1-10 所示。

混联式混合动力电动汽车的典型代表是比亚迪的 DM 车型，如图 1-11 所示的比亚迪汉 DM。比亚迪早在 2003 年就投入大量的人力物力来研发插电式混动系统，于 2008 年推出第一代 DM 技术并搭载在 F3DM 上，并于 2008 年 12 月 15 日正式上市，使其成为世界上第一款量产的插电式混动汽车，DM1 的设计理念就是完全以节能为技术导向，通过双电机与单速减速器的结构搭配 1.0 L 自吸三缸发动机，实现了纯电、增程、混动（包括直驱）三种驱动方式。DM1 系统中，与发动机直连的 M1 发电机（P1）同时具有驱动电机的功能；

图 1-9　并联式混合动力汽车——吉利帝豪 EV450

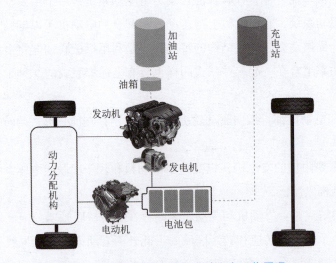

图 1-10　混联式混合动力电动汽车工作原理

图 1-11　比亚迪汉 DM

而通过离合器与 M1 发电机相连，与主减速器相连的 M2 驱动电机（P2）也同时具有发电机的功能。通过对电动机、发电机、电动机的匹配实现了纯电百公里电耗 16 kW·h/100 km，综合工况油耗 2.7 L/100 km 的成绩。同时，DM1 虽然为插电式混动，但是它配有快充接口，可以在 10 min 内充电 50%，DM1 混动系统结构如图 1-12 所示。

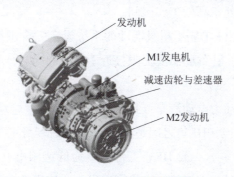

图 1-12　DM1 混动系统结构

　　第二代 DM 技术发布于 2013 年，搭载在 2013 年 12 月 17 日上市的秦 2014 款上。DM2 从 DM1 的节能取向变成性能取向，通过 1.5Ti 缸内直喷发动机（最大功率 113 kW），P3 位置的峰值功率 110 kW 的电机以及 6 速干式双离合变速箱获得了 0 到 100 km 加速 5.9 s 的卓越性能。

　　第三代 DM 技术发布于 2018 年，首先搭载到 2018 年上市的全新一代唐上。DM3 相较 DM2 最大的特点是增加了位于 P0 位置的 BSG 电机，最大功率 25 kW，主要作用是发电/启动发动机和在变速箱换挡的时候迅速调整发动机转速，大幅减少了混动行驶时的顿挫感。同时，P4 电机提升为 180 kW/380 N·m，极大地提升了后轴的动力。

　　2020 年 6 月，比亚迪发布了双模（DM）技术双平台战略，即 DM-p 平台和 DM-i 平台。DM-p 平台的 p 即 Powerful，是指动力强劲、极速，满足"追求更好驾驶乐趣"的用户。DM-i 的 i 即 Intelligent，指智慧、节能、高效，满足"追求极致的行车能耗"的用户。DM-i 有着多项领先于其他混动技术的优势，而它的"核心思想"就是以电为主，以油为辅。架构上，DM-i 超级混动以大容量电池和大功率电机为基础，车辆在行驶过程当中依靠大功率电机进行驱动，而汽油发动机的主要功能是为电池充电，只有在需要更多动力的时候才会直驱，并且也只是和电机协同工作才能减小负荷。这样的混动技术有别于传统混动技术依赖发动机的特性，从而能够更有效地降低油耗。

　　当电量充足时，DM-i 超级混动可以当作一辆纯电动车，具有静谧、平顺、零油耗等纯电动车所有的一切优点。而在电量耗尽的时候，DM-i 则化身为一辆具有超低油耗的混合动力车。根据比亚迪的测试，在馈电时的城市工况下，得益于高发电功率和高功率的刀片电池，只需要 18% 的串联工况让发动机处于高效区发电，就可以在保证电机驱动车辆的同时对电池进行充电。而这些电能可以在城市工况下提供 81% 的纯电行驶占比，大大地降低了油耗。同时，99% 的电机驱动占比提供了无限接近纯电的驾乘体验。

在 NEDC（New European Driving Cycle）工况下，由于需要更多的急加速状态，车辆有 12% 的占比为并联混动状态，电机串联驱动占比为 18%，发出的电还能支撑 70% 的纯电行驶占比。

在高速工况下，发动机能工作在高效区间，系统以并联直驱为主，加减速时切换为串联驱动来保证发动机一直处于高效工作区间。

综合以上工况可以看出，DM-i 超级混动的系统设定完全围绕着尽量用电，发动机只工作在高效区间的理念下，让驾驶感受无限接近于纯电的同时，尽可能降低油耗。

4. 不可外接充电型混合动力电动汽车

不可外接充电型混合动力电动汽车（HEV），也称轻度混合动力电动汽车，使用电能、汽油转化为驱动力，HEV 与 PHEV 之间最大的差异就是车身上少了充电接口，并且动力电池容量也比插混车小得多。一般 HEV 工作逻辑为低速用电（20 km/h 以内），高速用油，在驾驶者需要急加速时，燃油机与电机同时发力，使用电动机代替发动机在油耗较高的工况下工作，达到节油的目的，比如怠速及低速行驶时。

优点：HEV 车型相对于 PHEV 来说生产成本更低，因此价格与燃油车相差不大，因此一般搭载在高配车型上，相较于纯燃油车来说，HEV 动力更强、燃油经济性更好。而且由于 HEV 工作系统体积小，因此在车辆操控方面保留了较好的灵活度，并保留了驾驶燃油车时的节奏感。

缺点：由于 HEV 不属于新能源汽车的范畴，因此不能享受新能源汽车免征购置税等优惠政策，并且不能悬挂新能源绿牌，对于限号城市的消费者来说不太友好。轻度混合动力电动汽车的典型代表是领克 09，如图 1-13 所示。

图 1-13　轻度混合动力电动汽车——领克 09

（三）纯电动汽车（BEV，Battery Electric Vehicle）

纯电动汽车顾名思义就是只采用电力驱动的汽车，车辆的动力源是可充电的动力电池。相比于传统内燃机汽车而言，纯电动汽车取消了内燃机，其工作原理如图 1-14 所示。

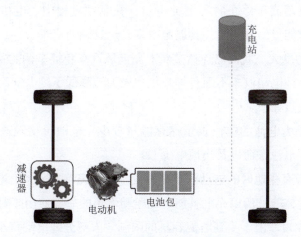

图 1-14 纯电动汽车工作原理示意图

动力系统是纯电动汽车动力的来源，纯电动汽车的动力系统主要包括动力电池供电系统、动力电池充电系统、电机驱动系统、热管理系统等。动力系统部件由动力电池、电机控制器、驱动电机、车载充电机、DC/ DC 转换器、高压分配盒、车载充电口及高压线束等元件组成，其结构如图 1-15 所示。

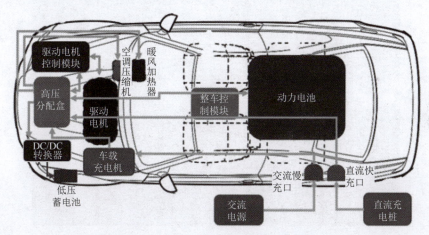

图 1-15 纯电动汽车动力系统组成结构

纯电动汽车的优点如下：

（1）无污染，噪声小。纯电动汽车没有燃油汽车工作时产生的废气，不产生排气污染，对环境保护和减少空气的污染是十分有益的，几乎是"零污染"。纯电动汽车也没有燃油汽车产生的噪声，驱动电机的噪声比发动机小。

（2）结构简单，维修方便。纯电动汽车结构简单，运转、传动部件少，维修保养工作量小。当采用交流感应电动机时，电机无须保养维护，更重要的是电动汽车容易操纵。

（3）能量转换效率高。纯电动汽车除了驱动车辆行驶外，还可以回收制动、下坡时的能量，提高能量的利用效率。特别是在城市里行车时，汽车走走停停，行驶速度不快，电动汽车更加适宜。电动汽车停止时不消耗电量，在制动过程中，电机可自动转化为发电机，实现制动减速时能量的再利用，其能源效率已超过燃油汽车。

（4）政策扶持力度大。我国已连读多年对新能源汽车免征车辆购置税，此外在北上广深等一线城市，针对纯电动汽车不限行等政策也极大地降低了纯电动汽车的使用成本。

纯电动汽车的缺点如下：

（1）成本高。动力电池的单位重量储存能量较少，电池价格较高，还未形成规模效应，成本主要取决于电池寿命以及当地电价。

（2）充电较难。有些地区的电动汽车充电设施还不完善，公共充电桩缺乏，严重地影响了纯电动车的驾驶体验，所以充电补能是纯电动汽车的一大使用障碍。

（3）续航里程较短。由于受到电池容量的限制，大部分纯电动汽车的续航里程一般在500 km 左右，遇到寒冷天气还会大打折扣，续航里程不是很理想。纯电动汽车的典型代表是比亚迪汉 EV，如图 1-16 所示。

图 1-16　纯电动汽车——比亚迪汉 EV

（四）燃料电池汽车（FCEV，Fuel Cell Electric Vehicle）

燃料电池汽车通常以氢气、甲醇等为燃料，通过化学反应产生电能驱动电机进行工作，电机产生的机械能经过变速传动装置传给驱动轮，从而驱动车辆行驶。其工作原理如图 1-17 所示。

燃料电池汽车实质上是电动汽车的一种，主要区别在于动力电池的工作原理不同。燃料电池汽车主要由燃料电池升压器、燃料电池电堆、蓄电池、驱动控制单元、驱动电机、高压氢气罐组成，如图 1-18 所示。

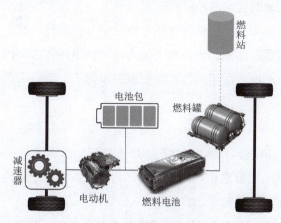

图 1-17　燃料电池汽车工作原理示意图

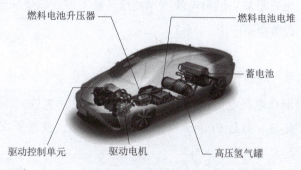

图 1-18　燃料电池汽车组成

（1）燃料电池升压器（Fuel Cell Boost Converter）是一种紧凑、高效、大容量的变换器，可以将燃料电池堆电压提高到 650 V。Boost 变换器用于获得比输入电压更高的输出电压。

（2）燃料电池电堆（Fuel Cell Stack）：由多个单体电池、隔板、冷却板、进气歧管等构成，其功能是把富氢气体和空气进行电化学反应生成直流电，并同时产生热、水等其他副产物的总成。

（3）蓄电池（Battery）：一种镍金属氢化物电池，储存从减速中回收的能量，并在加速时协助燃料电池堆输出。

（4）驱动控制单元（Power Control Unit）：优化控制燃料电池堆输出在各种操作条件下和驱动电池充放电。

（5）驱动电机（Motor）：利用燃料电池堆产生的电能输出机械能，驱动车辆行驶，并且能够回收减速时的动能，转化为电能。

（6）高压氢气罐（High-Pressure Hydrogen Tank）：高压氢气罐主要用于储存氢气，外壳由碳纤维和凯夫拉组成，可以抵抗剧烈撞击。

燃料电池曾一度被认为是汽车燃料的终极解决方案，但现阶段，燃料电池的许多关键技术还处于研发试验阶段。此外，燃料电池的理想燃料——氢气，在制备、供应、储运等方面距离产业化还有大量的技术与经济问题有待解决。作为燃料电池必不可少的反应催化剂——稀有金属被大量应用。按照现有燃料电池对铂金的消耗计算，即使将地球上所有铂金储量都用来制作车用燃料电池，也仅能满足几百万辆车的需求。因此，如何降低稀有金属用量也是燃料电池汽车推广应用的技术和资源瓶颈之一。综合来看，燃料电池电动汽车具有以下优缺点：

优点：

（1）工作效率高，内燃机汽车的效率为11%左右，而以氢气为燃料的燃料电池汽车效率可达到50%~70%，甲醇重整产生氢气的燃料电池汽车效率可达到30%左右。可见燃料电池汽车的效率高于内燃机汽车。

（2）节能、环保。燃料电池汽车使用的能源主要是氢气，排放的主要物质是水。对于环境污染问题日益突出的地球来说，燃料电池汽车是内燃机汽车的理想替代。

（3）结构简单，运行平稳，燃料电池汽车能量转换不涉及燃烧和热机做功，因此所需零件少，结构简单，振动和噪声小。

缺点：

燃料电池成本高昂，同时使用成本（氢）也昂贵。

（1）造价高。目前在燃料电池汽车上广泛使用的质子（交换）膜燃料电池需要贵金属铂（Pt）作为电催化剂。但是Pt的价格昂贵、资源匮乏，使质子交换膜燃料电池的成本居高不下，限制了其大规模运用。

（2）氢气的储存、制备和运输。地球上的氢气资源丰富，但是如何获取并安全地应用到汽车上是燃料电池汽车所面临的一个难题。

（3）加氢站等基础设施缺乏。目前，制约燃料电池汽车商业化的难题之一，就是加氢站基础设施的建设。燃料电池汽车的普及和商业化必须加强基础设施的建设，这就需要政府在政策方面进行支持以及在资金上进行投入。燃料电池汽车的典型代表是丰田Mirai，如图1-19所示。

图1-19　燃料电池汽车——丰田Mirai

课堂讨论

　　同学们，新能源汽车已经占到了每年汽车销量的三成，作为将来的新能源汽车维修人员，你会如何选购新能源汽车？购买新能源汽车会考虑哪些因素？哪个因素是你最看重的？请谈谈你的看法。

三、新能源汽车选购指南

（一）确定预算和需求

　　首先，消费者确定自己的预算和需求，这样可以帮助其更好地筛选车型，不会因为一时冲动而买了超出自己承受能力的车。常见的新能源汽车价格区间为 10 万～15 万元、15 万～20 万元、20 万～25 万元。

（二）考虑续航里程

　　买新能源汽车，续航里程是很重要的因素。消费者需要考虑日常通勤、周末出游等不同场景下的使用需求，选择合适的续航里程。

（三）看品牌和口碑

　　选择品牌和口碑也很重要。一些知名品牌的质量和售后服务都有很好的保障，当然，也要多看看其他车主的评价，了解真实情况。目前国内市场占有率较高的新能源汽车品牌有比亚迪、吉利、长城等。

（四）考虑安全性

　　汽车的安全性是非常重要的。选购时要关注车辆的主被动安全配置，确保自己能够安心驾驶。

（五）了解充电设施

　　购买新能源汽车，充电是一个必须考虑的问题。要了解附近的充电设施，看看是否方便充电，以免日后使用时产生烦恼。

（六）考虑车辆内部空间和舒适度

　　内部空间和舒适度也是选车时需要考虑的因素。坐进去感受一下，看看是否宽敞舒适，后备厢空间是否足够。

（七）比较价格和政策

　　不同品牌、不同车型的价格和政策都有所不同。多比较几款车，看看哪款更适合自己的需求，同时也要了解政府的相关政策和优惠。

（八）最后决定和购买前的检查

　　最后，确定自己的选择，进行购买决策。购买前，还要对车辆进行仔细检查，确保车辆状态良好，没有任何问题。

新能源汽车品牌认知　　　　　新能源汽车购车指南　　　　　新能源车牌认知

 任务实施

一、实训场地和器材

传统燃油汽车整车、纯电动汽车整车、新能源汽车作业工位、绝缘手套、绝缘鞋、绝缘安全帽、护目镜、防静电服、绝缘工具、安全锁、隔离桩、警示牌、绝缘垫、灭火器、车辆挡块等。

二、作业准备

作业前准备，包括场地布置、防护装备穿戴检查、仪器设备检查、车辆准备（大众迈腾、比亚迪秦 Plus DM-i）等。

三、操作步骤

（1）找出新能源汽车与传统汽车在动力来源方面的不同之处。

（2）找出新能源汽车与传统汽车在电压等级方面的不同之处。

（3）找出新能源汽车与传统汽车在仪表显示方面的不同之处。

（4）找出新能源汽车与传统汽车在变速器方面的不同之处。

（5）找出新能源汽车与传统汽车在空调系统方面的不同之处。

（6）找出新能源汽车与传统汽车在制动系统方面的不同之处。

（7）找出新能源汽车与传统汽车在冷却系统方面的不同之处。

四、竣工检验

整理、恢复作业场地。

五、实训任务总结

小组讨论并汇总新能源汽车与传统汽车在以上方面的不同之处，与其他组同学交流并将遗漏之处记录下来。

_____

_____

_____

_____

_____

_____

_____

_____

_____

_____

_____

任务评价

新能源汽车分类及购车指南考核评分标准

序号	作业项目	考核内容	配分	评分标准	评分记录	得分
1	新能源汽车的动力来源	找出纯电动汽车与传统汽车在动力来源方面的不同之处	10	能正确找出新能源汽车与传统汽车在动力来源方面的不同之处（10分）		
2	新能源汽车的电压等级	找出纯电动汽车与传统汽车在电压等级方面的不同之处	10	能正确找出新能源汽车与传统汽车在电压等级方面的不同之处（10分）		
3	新能源汽车的仪表显示	找出新能源汽车与传统汽车在仪表显示方面的不同之处	10	能正确找出新能源汽车与传统汽车在仪表显示方面的不同之处（10分）		
4	新能源汽车的变速器	找出新能源汽车与传统汽车在变速器方面的不同之处	10	能正确找出新能源汽车与传统汽车在变速器方面的不同之处（10分）		
5	新能源汽车的空调	找出新能源汽车与传统汽车在空调系统方面的不同之处	20	能正确找出新能源汽车与传统汽车在空调系统方面的不同之处（20分）		

序号	作业项目	考核内容	配分	评分标准	评分记录	得分
6	新能源汽车的制动系统	找出新能源汽车与传统汽车在制动系统方面的不同之处	20	能正确找出新能源汽车与传统汽车在制动系统方面的不同之处（10分）		
7	新能源汽车的冷却系统	找出新能源汽车与传统汽车在冷却系统方面的不同之处	20	能正确找出新能源汽车与传统汽车在冷却系统方面的不同之处（20分）		
分数总计			100			

任务拓展

一、填空题

1. 新能源汽车的基本分类包括_____、_____、_____、_____、_____。

2. 增程式混合动力汽车的工作模式有_____、_____、_____、_____、_____、_____。

二、选择题

1. 下列不属于新能源汽车的是（   ）。

A. 混合动力汽车   B. 太阳能汽车   C. 柴油车   D. 生物燃料汽车

2. 燃料电池汽车的主要燃料是（   ）。

A. 氧气   B. 二氧化碳   C. 水   D. 氮气

三、简答题

1. 请简述增程式混合动力新能源汽车的工作过程。

2. 请简述并联式混合动力新能源汽车与串联式混合动力新能源汽车的区别。

任务二

新能源汽车使用与操作

教学目标

知识目标

（1）了解比亚迪唐 DM-i 驾驶室的组成结构。

（2）掌握比亚迪唐 DM-i 驾驶室各组成部分的功能。

（3）掌握混合动力汽车驾驶操作流程。

（4）了解混合动力汽车汽车驾驶注意事项。

（5）了解比亚迪唐 DM-i 的工作模式。

（6）掌握比亚迪汉 EV 的电器系统组成及功用。

技能目标

（1）能正确读取新能源汽车各类仪表、警告灯和指示灯信息。

（2）能正确使用新能源汽车各类电器设备。

（3）能正确驾驶新能源汽车。

（4）能规范对新能源汽车进行充电。

素质目标

（1）在操作过程中培养严谨认真、一丝不苟的工匠精神。

（2）树立安全操作意识。

情景导入

新能源汽车构成

李伟在一家 4S 店的维修车间实习，某天一位购车客户购买了一辆新能源汽车，客户想让他介绍一下新能源汽车的使用与操作，他如何才能够完成这项任务？

信息获取

一、新能源汽车的使用

（一）座椅安全带

1. 安全带简介

汽车安全带是为了在碰撞时对乘员进行约束以及避免碰撞时乘员与方向盘及仪表板等发生二次碰撞或避免碰撞时冲出车外导致死伤的安全装置。汽车安全带又可以称为座椅安全带，是乘员约束装置的一种。汽车安全带是公认的最廉价也是最有效的安全装置，我国法律规定所有上市车辆需强制装备安全带。研究表明，在紧急制动、突然转向和碰撞事故中，正确使用安全带能大大减少车内乘员的伤亡。因此，为了保证乘客的安全，乘车过程中需全程系好安全带。

（1）安全带的紧急锁止（Emergency Locking Retractor，ELR）功能。

车辆急转弯、紧急制动、发生碰撞或乘员迅速前倾时安全带会自动锁紧，实现对乘员的有效约束和保护。但车辆平稳行驶时，安全带随着乘员缓慢、平稳的移动而拉出回卷，乘员可活动自如。若由于安全带回卷过快导致的锁死情况，可紧拉一下安全带，然后释放，便可顺利地回卷安全带。

（2）安全带的预紧限力功能。

当车辆发生严重的正面碰撞，满足预紧装置触发条件时，预紧装置迅速卷收部分安全带并将其锁紧以加强对乘员的保护。限力装置将安全带对乘员身体的束缚力限定在一定范围之内，从而避免因束缚力太大而对乘员造成伤害。

（3）安全带的未系声光报警功能。

若车辆启动后，前排乘员和后排乘员未系安全带，声光报警系统将开始工作，直到前排和后排乘员系好安全带。

2. 安全带的使用

（1）调整座椅至合适位置，调整靠背至合适角度。

（2）调节三点式安全带的位置。保持正确坐姿，拉伸安全带的肩带部分，使其斜跨整个肩部，但不要触及颈部或从肩部滑脱。使安全带腰带部分尽可能低地横跨于髋部，如图 1-20 所示。

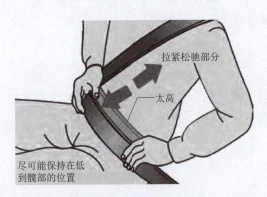

图 1-20　调整安全带位置

安全带肩带部分应从肩部中间位置跨过。安全带应远离颈部且不能轻易从肩部滑脱。否则，紧急制动或发生事故时安全带将不发挥应有的保护作用，甚至对乘员造成严重伤害。

安全带腰带部分应尽可能低地横跨于髋部，避免发生事故时安全带勒紧腹部而使乘员受伤。

安全带应紧贴身体以实现更好的保护作用。

（3）将锁舌插入带扣，直到听到"咔嗒"声，反方向拉锁舌，确认锁止成功，注意安全带不能扭曲，如图1-21所示。

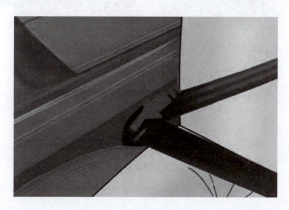

图1-21 将锁舌插入带扣

（4）调整安全带高度调节器（前排）至合适位置，以获得最佳舒适性和保护作用。

①按压安全带高度调节器释放按钮。

②握住安全带高度调节器上下移动，将前排座椅安全带调整至合适高度，松开前排座椅安全带高度调节器，如图1-22所示。

图1-22 调整安全带高度调节器

（5）调整完毕后，用力拉一下安全带肩带部分，检查安全带高度调节器是否锁止。

（6）解锁安全带。按下带扣上的红色解锁按钮，锁舌自动弹出，安全带即会自动收缩。如果安全带不能顺畅地自动缩回，则应拉出检查，看是否扭曲，如图1-23所示。

（二）组合仪表

1. 组合仪表视图

比亚迪唐DM-i的组合仪表视图如图1-24所示。

新能源汽车仪表盘认知

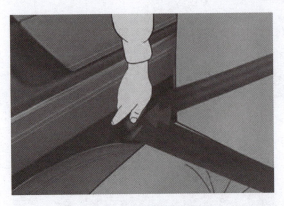

图 1-23   解锁安全带

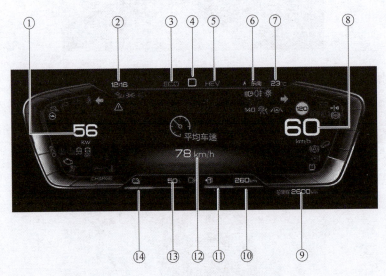

图 1-24   唐 DM-i 的组合仪表视图

组合仪表中各图标含义如表 1-1 所示。

表 1-1   组合仪表中各图标含义

序号	含义	序号	含义
①	功率表	⑧	车速表
②	时间	⑨	里程表
③	ECO/SPORT/NORMAL 工作模式	⑩	燃油续航里程
④	挡位	⑪	燃油表
⑤	双模工作模式	⑫	行车信息
⑥	方位	⑬	电量百分比（电续驶里程）
⑦	车外温度	⑭	电量表

2. 仪表指示灯

组合仪表内的各类仪表指示灯/警告灯标识含义如表 1-2 所示。

表 1-2 指示灯/警告灯标识含义

标识	含义	标识	含义	标识	含义	标识	含义
	转向指示灯		小灯指示灯		ACC 状态指示灯		ACC 待机状态指示灯
	远光灯指示灯		后雾灯指示灯		自动驻车指示灯		自动驻车待命指示灯
	放电指示灯		OK 指示灯		智能领航指示灯		预测性碰撞报警指示灯（绿色）
	ECO 指示灯		SPORT 指示灯		陡坡缓降指示灯		车门状态指示灯
	NORMAL 指示灯		智能远近光灯指示灯		GPF 需要再生指示灯		GPF 需要再生故障灯
	灯光总开关指示灯		全天候灯指示灯		机油寿命监测指示灯		智能钥匙系统警告灯
	ACC 状态指示灯		ACC 待机状态指示灯		胎压故障警告灯		主告警指示灯
	安全带未系警告灯		安全气囊故障警告灯		ESC OFF 警告灯		ESC 故障警告灯
	电子驻车指示灯		驻车系统故障警告灯		燃油低警告灯		排放故障警告灯
	转向系统故障警告灯		发动机冷却液温度高警告灯		ABS 故障警告灯		驱动功率限制警告灯
	机油压力低警告灯		动力电池充电连接指示灯		前照灯故障警告灯		雪地模式指示灯
	低压供电系统故障警告灯		动力电池过热警告灯		陡坡缓降系统故障警告灯		自适应巡航故障警告灯
	动力电池故障警告灯		动力系统故障警告灯		盲区监测指示灯		自适应巡航故障警告灯
	电机过热警告灯		电机故障警告灯		驾驶员监测辅助系统故障指示灯		防盗指示灯

3. 仪表警告灯/指示灯说明

（1）排放故障警告灯。

电源挡位位于"ON"挡，指示灯自检常亮。如在其他任何时候点亮，则表示整车的某一控制系统可能发生故障。即使驾驶员可能察觉不到车辆性能有异常，在这种状态下持续运转，可能导致车辆严重损坏。

如果非自检时此警告灯点亮，应将车辆安全地驶到路边，整车断电至"OFF"挡，重新上电至"OK"挡。启动发动机并查看此警告灯，如果该警告灯仍然点亮，建议尽快到比亚迪汽车授权服务店检查车辆。在比亚迪汽车授权服务店查明故障之前，应小心驾驶，避免油门全开或高速行驶。

（2）燃油低警告灯。

此指示灯位于燃油表上。如果此指示灯点亮，表示油箱里的燃油存量已不多，提示用户燃油将用完，需要尽快加油。在斜面或弯道时，油箱中燃油晃动，燃油低警告灯可能较通常早些点亮。

（3）智能钥匙系统警告灯。

按下"启动/停止"按钮，如果此时没有钥匙，则此警告灯点亮数秒，并且会伴随扬声器鸣响一声，显示屏内显示"未检测到钥匙"。

如果在携带钥匙的情况下按下"启动/停止"按钮，此警告灯不会点亮，此时可以使整车上电启动。

如果在此警告灯点亮的数秒内将钥匙拿进车内，此警告灯熄灭。

如果按下"启动/停止"按钮后，警告灯闪烁，则表示钥匙电池电量不足。

（4）ABS（Anti-lock Brake System，防抱死刹车系统）故障警告灯。

电源挡位位于"ON"挡时，此警告灯点亮。如果防抱死制动系统工作正常，则几秒后此灯熄灭。此后，如果系统发生故障，此灯将再次点亮直至故障消除。

当 ABS 故障警告灯点亮时（驻车系统故障警告灯熄灭），防抱死制动系统不工作，但是驻车系统仍将正常工作。

当 ABS 故障警告灯点亮时（驻车系统故障警告灯熄灭），由于防抱死制动系统不工作，在紧急制动或在较滑路面上制动时车轮会抱死。

如果发生下列任何一种情况，则表示由警告灯系统监控的部件中发生故障，建议尽快与授权服务店联系检查车辆。

电源挡位位于"ON"挡时，此警告灯不亮或持续点亮。

ABS 具有自检功能。如果发生任何故障，ABS 故障警告灯点亮。这意味着制动系统的防抱死制动功能已经失灵。此时，制动器仍会像没有防抱死功能的常规车辆那样提供普通的制动能力。建议尽快联系授权服务店专业人员检查车辆。

（5）胎压故障警告灯。

电源挡位位于"ON"挡时，此警告灯点亮。如果胎压监测系统工作正常，则几秒后此警告灯熄灭。此后，如果系统发生故障，此警告灯将再次点亮。

当胎压故障警告灯点亮或闪烁，同时仪表信息显示屏显示"请检查胎压监测系统"，胎压显示界面数值位显示"---"时，表示胎压系统有故障。

当轮胎提示"信号异常"时，表示车辆所在位置胎压信号可能受到干扰或者胎压监测模块损坏。

当胎压故障警告灯常亮，同时仪表信息显示屏胎压显示界面有一个或多个数值位变黄时，表示对应轮胎处于欠压状态。

当胎压故障警告灯常亮，同时组合仪表胎压显示界面有一个或多个数值位变黄时，表示对应轮胎处于欠压状态。有一个或多个轮胎及温度数值变黄时，表示轮胎温过高。

（6）ESC 故障警告灯。

电源挡位位于"ON"挡时，此警告灯点亮。如果 ESC 系统工作正常，则几秒后此警告灯熄灭。此后，如果系统发生故障，此警告灯再次点亮直至系统故障消除。

当车辆在行驶过程中，ESC 故障警告灯闪烁时，表明 ESC 系统正在工作。

当 ESC 故障警告灯点亮时（ABS 故障警告灯、驻车系统故障警告灯熄灭），ESC 车辆稳定性控制失效，但是防抱死制动系统及制动系统仍将正常工作。

当 ESC 故障警告灯点亮时（ABS 故障警告灯、驻车系统故障警告灯熄灭），由于车辆稳定性控制系统不工作，所以在紧急转弯、紧急躲避前方障碍物时，车辆将处于极其不稳定的状态。

（7）安全气囊故障警告灯。

电源挡位位于"ON"挡时，此警告灯点亮，几秒后，此警告灯熄灭，表示安全气囊系统工作正常。警告灯系统用于监控安全气囊 ECU、碰撞传感器、充气装置、警告灯、接线和电源。

（8）驻车系统故障警告灯。

此警告灯在下列情况下点亮：

电源挡位位于"ON"挡且当制动液液位低时，此警告灯点亮。

发动机在运转中，如果制动液液位正常，并且电子驻车系统正常工作时（电子驻车开关拉起、释放正常，没有提示"请检查电子驻车系统"），此指示灯不熄灭。

驻车系统故障警告灯点亮，ABS 故障警告灯同时点亮。此时，制动系统和电子驻车系统可能工作不正常，制动距离将变长。制动时 ABS 将不起作用，车辆制动时会不稳定，要小心驾驶。

在操作中此警告灯短暂点亮不表示有问题。

（9）转向系统故障警告灯。

转动转向盘时，可能会听到电机工作的声音（"嗡嗡"声）。这并不表示出现了故障。转向盘打到极限位置的持续时间不超过 5 s，否则会启动温度保护导致转向沉重或损坏。

长时间频繁地原地转动转向盘时，转向系统故障警告灯未点亮，但感觉转向沉重，此现象为非故障模式。如果长时间频繁地原地转动转向盘，则转向系统的助力效果会降低，系统会过热，导致在操作转向盘时感到沉重。如果发生这种情况，则应避免频繁转动转向盘或停车并熄灭发动机，10 min 内系统恢复正常。

（10）动力电池过热警告灯。

如果此灯点亮，表示动力电池温度太高，须停车降温。动力电池过热警告灯闪烁时，建议立即安全停车并尽快撤离车辆。

在下列工作条件下，动力电池可能会产生过热现象，例如，在炎热的天气长时间进行长途爬坡。

处于长时间停停走走的交通状态，频繁急加速、急刹车的状况，或长时间车辆运转得不到休息的状况。

（11）GPF（Gasoline Particulate Filter，颗粒捕集器）需要再生指示灯。

当 GPF 碳载量（排放颗粒物）达到一定量时，GPF 会主动进入再生状态，GPF 指示灯处于绿色常亮状态，此时在路况允许的情况下尽量多跑高速工况，待颗粒物处理完成，GPF 指示灯会自动熄灭。

（12）GPF 需要再生故障灯。

当 GPF 碳载量（排放颗粒物）达到最大值时，导致油耗上升，动力性能下降，GPF 指示灯处于黄色常亮状态，此时需要到品牌授权服务店检查车辆。

（三）控制器的操作

1. 钥匙与车门

钥匙包括电子智能钥匙、机械钥匙（安装在电子智能钥匙内）。

（1）电子智能钥匙。

电子智能钥匙——携带电子智能钥匙按左右前门微动开关，可以解锁/闭锁所有车门；还可通过智能钥匙上的按键实现车门解锁/闭锁、后背门开启及遥控启动等功能，其结构及按键功能如图 1-25 所示。

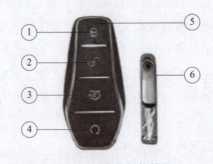

图 1-25 电子智能钥匙

①—闭锁按键；②—解锁按键；③—后背门开启/关闭按键；

④—启动/熄火按键；⑤—指示灯；⑥—机械钥匙

智能钥匙是一个电子元件，应遵守以下说明，以防损坏智能钥匙：

请勿将智能钥匙放置在高温处，例如仪表台上。

请勿将智能钥匙随意拆解。

请勿用智能钥匙用力敲击其他物体或使其落地。

请勿将智能钥匙浸入水中或在超声波洗涤器中清洗。

请勿将智能钥匙与放射电磁波的装置放在一起，例如移动电话。

请勿在智能钥匙上附加任何会切断电磁波的物体（例如金属密封件）。

如果智能钥匙不能在正常距离内操作车门，或钥匙上的指示灯暗淡、不亮时：检查附近有无干扰智能钥匙正常操作的无线电台或机场的无线电发射器；智能钥匙的电池电量可能已耗尽；检查智能钥匙内的电池。

（2）机械钥匙。

机械钥匙（在智能钥匙内）——可实现左前车门的解锁和闭锁。不使用时，应确保将机械钥匙放回，盖上电子智能钥匙后盖即可。

取出机械钥匙：先按图1-26中箭头①的方向向下拉住锁扣，同时将锁扣部分的锁止结构按箭头②的方向拉开，即可向上掰开钥匙后盖，从智能钥匙后盖中取出机械钥匙。

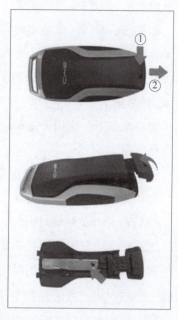

图1-26　取出机械钥匙

（3）机械钥匙解锁/闭锁。

拉动左前门把手至最大开启角度，将机械钥匙插入锁孔并转动钥匙，然后拔出钥匙，拉动车门把手，打开车门，如图1-27所示。

图1-27　机械钥匙解锁车门

解锁主驾车门：顺时针转动钥匙。闭锁主驾车门：逆时针转动钥匙。

（4）智能钥匙解锁/闭锁

无线遥控功能用于在近距离对所有车门解锁或闭锁，以及实现附加功能。

当已登记的智能钥匙进入激活区域时，缓慢而稳固地按下智能钥匙上的按键即可为所有车门闭锁或解锁。

闭锁：所有车门及前舱盖关闭时，按下闭锁按键，所有车门同时闭锁。如果车辆已熄火，此时外后视镜折叠（多媒体—车辆设置—外后视镜—自动折叠为开时），转向信号灯闪烁 1 次。如果车辆未熄火，外后视镜不折叠，转向信号灯不闪烁，同时报警器鸣响 1 声。检查所有车门是否牢固锁止。

如果任一车门、前舱盖或后背门未关闭，转向信号灯不闪烁，同时喇叭鸣响 1 声。

解锁：按下解锁按键，所有车门同时解锁。转向信号灯闪烁 2 次。用智能钥匙同时解锁所有车门时，即使车门未打开，室内灯（可在前室内灯开启 DOOR 功能）也将点亮 15 s，然后熄灭。

防盗状态下，使用智能钥匙解锁车门后，请在 30 s 内打开任一车门。否则，所有车门将自动闭锁。

在锁车状态下将钥匙放在车内，关上车门，为了不将钥匙锁在车内，车辆会主动解锁，且伴随有转向信号灯闪烁 2 次。

（5）微动开关解锁/闭锁。

闭锁操作：车门关闭且未锁止时，携带有效智能钥匙进入激活区域，按下前车门把手上的微动开关。所有车门同时闭锁。如果车辆已熄火，此时外后视镜折叠（多媒体—车辆设置—外后视镜—自动折叠为开时），转向信号灯闪烁 1 次。如果车辆未熄火，外后视镜不折叠，转向信号灯不亮，同时报警器鸣响 1 声。

如果任一车门、前舱盖或后背门未关闭，使用微动开关依然可以对关闭的车门进行闭锁，但是转向信号灯不闪烁，同时喇叭鸣响 1 声，如图 1-28 所示。

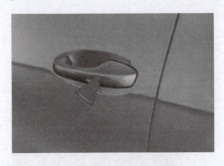

图 1-28　微动开关闭锁

解锁操作：在闭锁状态下，携带有效智能钥匙进入激活区域时，按下前车门把手上的微动开关，所有车门同时解锁，转向信号灯闪烁 2 次。

防盗状态下，使用解锁功能后，请在 30 s 内打开车门。否则，所有车门将自动重新闭锁。

下列情况，按下微动开关将不进行解锁/闭锁：

打开或关闭车门的同时，按压微动开关；

智能钥匙留在车内时。

（6）后背门解锁/闭锁；

智能钥匙打开/关闭后背门：双击智能钥匙上的"后背门开启"按键，后背门打开，此时转向信号灯闪烁 2 次。再单击"后背门开启"按键，后背门打开动作停止，再双击，后背门反向运动，如图 1-29 所示。

图 1-29　智能钥匙打开/关闭后背门

从车内打开/关闭后背门：后背门处于关闭状态时，拉一次此开关，后背门则会解锁并开启到设定位置（默认最大高度），如图 1-30 所示。后背门在打开过程中，再次拉此开关，后背门立即平稳地停在当前位置。整车上电后且后背门处于开启状态时，拉起此开关 1 s 以上，则后背门会自动关闭，松手后立即停止关闭。

图 1-30　从车内打开/关闭后背门

后背门外开关打开后背门：整车解锁时，按下后背门外开关，后背门即可打开。

整车闭锁时，携带本车有效智能钥匙，需解锁整车，按下后背门外开关，后背门即可打开，如图 1-31 所示。

图 1-31　后背门外开关打开后背门

后背门内开关关闭后背门：当后背门处于打开静止状态时，按下后背门关闭开关，后背门执行关闭动作。

若在关闭的过程中再次按下后背门关闭开关，则后背门停止在当前位置。若后背门动作过程中停止后再次按下后背门关闭开关，则后背门执行相反动作，如图1-32所示。

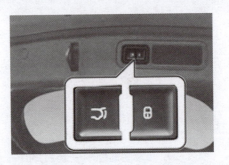

电动尾门的使用

图1-32　后背门内开关关闭后背门

1+X 考证技能点

温馨提示：中车行2-1模块"新能源汽车动力驱动电机电池技术"中包含整车功能操作模块，在该模块中考核评价标准之一为电子智能钥匙的使用，包括电子智能钥匙开关锁车门功能、升降车窗功能、开启后备厢功能等。同学们在日常学习过程中，应对上述内容勤加练习。

2. 智能进入和智能启动系统

（1）进入功能。

携带有效智能钥匙，可为车门解锁或闭锁。

（2）启动功能。

携带智能钥匙，踩下制动踏板，按下"启动/停止"按键，启动车辆，如图1-33所示。

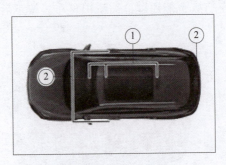

图1-33　探测天线位置

①—位于车厢内的探测天线；②—位于车厢外的探测天线

已登记的智能钥匙在激活区域内时，智能进入和启动功能方可生效，如图1-34所示。

①进入功能激活区域——距前门把手和后背门外开关大约1 m的范围内。

②启动功能激活区域——车厢内。

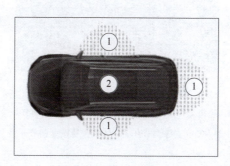

图1-34 智能进入激活区域

如果智能进入系统不正常工作，无法进入车内时，则可使用附在智能钥匙上的机械钥匙为驾驶员侧车门解锁和闭锁，或者用无线遥控功能为所有车门解锁和闭锁。

按下"启动/停止"按键时，启动功能不能正常起作用，可能由下列原因引起：

如果智能钥匙不起作用，组合仪表上的智能钥匙系统警告灯点亮，且组合仪表显示屏提示信息"钥匙电池电量低"，则钥匙的电池电量可能已耗尽。

车辆在短时间内反复启动。需等10 s，然后启动车辆。

3. 座椅

（1）座椅须知。

调节主驾座椅，使脚踏板、转向盘和仪表板控制器都位于驾驶员容易控制的范围之内。

在车辆运行中最有效的防护措施是将座椅靠背保持直立，在座椅上始终将身体很好地靠在靠背上并将安全带调整到合适的位置。

在车辆行驶过程中不能折叠后排座椅。

适当地固定行李，防止其滑行或者移动。放置行李不要高过座椅靠背。

头枕调整在有效位置来保护头部，如果头枕因为某些原因被移动，要经常及时地调整并放回原来的有效位置。

（2）前排座椅调节。

前排座椅调节包含座椅位置调节、座椅靠背角度调节、腰部支撑调节、座椅按摩功能调节和腿托调节。其中副驾座椅无座椅上下位置和座椅座盆角度调节功能，如图1-35所示，调节方法如下：

①座椅靠背角度调节开关。

前、后摆动靠背角度调节开关，可调节靠背角度。

②座椅位置调节开关。

座椅位置调节包括座椅前后位置、座椅座盆角度和座椅上下位置调节。

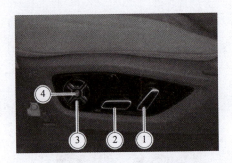

图 1-35　座椅电动调节按钮

①—座椅靠背角度调节开关；②—座椅位置调节开关；

③—腰部支撑调节开关；④—座椅按摩调节开关

前、后拨动座椅位置调节开关，可调节座椅前、后位置。上、下调节开关前端，可调节座椅座盆角度。

上、下调节开关后端，可调节座椅上下位置。

③腰部支撑调节开关。

靠背的轮廓是可变的，可按照腰部脊柱的弧度调节支撑。为使驾驶员和乘员正确且放松地坐在座椅上，座椅要支撑起乘员的腰部脊柱。

按压开关前部和后部可加大或减小弧度。

按压开关上部或下部可向上或向下延长弧度。

④座椅按摩调节开关。

座椅按摩"🪑"按键在腰部支撑调节按键中心位置上，按压可开启或关闭按摩模式。也可以在多媒体触摸屏开启或关闭座椅按摩功能。

座椅腰部支撑调节功能和座椅按摩功能不能同时使用。座椅按摩"🪑"按键按压开启时，调节方向键是对按摩功能的调节，座椅按摩"🪑"按键按压关闭时，调节方向键进入腰部支撑调节模式。按摩功能使用时，长按方向键任意按键 2 s 以上，按摩功能也会结束。

⑤腿托调节。

拉住座椅下方伸缩腿托的拉杆，沿纵向推移腿托到合适的位置，然后松开，如图 1-36所示。

图 1-36　腿托调节

4. 转向盘调节

（1）转向盘手动调节。

要调整转向盘的角度时，可握住转向盘，进行以下操作：

将转向盘调节手柄向下按，将转向盘倾斜至需要的角度，或调整至需要的轴向位置，然后将手柄恢复至锁紧位置，如图 1-37 所示。

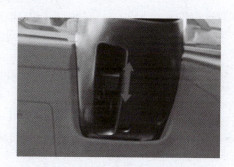

图 1-37　转向盘手动调节

（2）转向助力模式设置。

转向助力手感因人而异，不同用户对转向助力手感评价及需求也不一样。

用户可通过多媒体 🚗 —车辆设置—驾驶舒适性调节进入"转向助力"设置界面，选择"舒适"／"运动"转向模式设置项。

5. 转向盘开关组

转向盘开关组如图 1-38 所示。

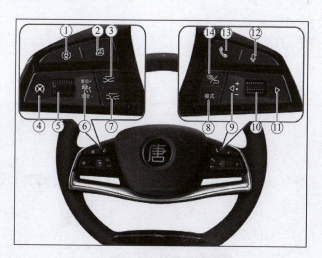

图 1-38　转向盘开关组

①—全景影像；②—旋转按键；③—车距-；④—取消按键；⑤—+/复位或-/设置；
⑥—巡航开关按键；⑦—车距+；⑧—模式按键；⑨—向左按键；⑩—滚轮；
⑪—向右按键；⑫—语音识别；⑬—电话按键；⑭—仪表/返回

转向盘按键组各按键含义及使用说明如表1-3所示。

表1-3　转向盘按键组各按键含义及使用说明

左侧按键		右侧按键	
巡航开关按键	开启或关闭巡航系统	滚轮	向上转动滚轮：单步增大音量，直至音量最大值停止；向下转动滚轮：单步降低音量，直至音量最小值停止；向下按动滚轮：为静音功能
+/复位	激活ACC系统并调用上一次系统设置参数	左/右按键	收音机模式下：按◁键，播放上一电台；按▷健，播放下一电台
-/设置	将当前车速设置为目标巡航车速	电话按键	拨打/接听（按下此按键后音响系统将进入静音状态）
车距-	ACC巡航跟车功能中调整与前车的时距，减小一挡，共四挡	语音识别	按下此按键，多媒体屏幕切换到语音识别页面，可实现语音功能。再次按下此按键，重新录入语音指令
车距+	ACC巡航跟车功能中调整与前车的时距，增加一挡，共四挡	仪表/返回	仪表非菜单模式时，按下仪表/返回按键，弹出仪表菜单
取消按键	取消巡航激活状态，系统由激活转为待机状态	模式按键	选择模式：按"模式"键切换媒体应用、外设、预装三方音视频应用
旋转按键	按下旋转按键，可旋转多媒体显示屏		
全景影像	全景模式下，关闭全景；非全景模式下，打开全景		

6. 灯光开关

（1）总开关。

灯光开关末端旋钮转到"▯"挡，所有灯光都关闭，昼行灯除外，如图1-39所示。

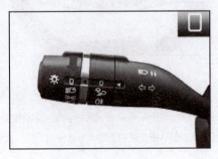

图1-39　灯光开关

（2）自动灯。

灯光开关末端旋钮转到"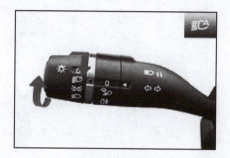"挡，BCM 采集四合一传感器的亮度值，自动控制小灯和近光灯的开启或关闭，如图 1-40 所示。

图 1-40　自动灯

（3）小灯。

灯光开关末端旋钮转到"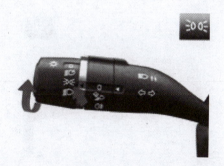"位置，小灯开启，点亮包括前小灯、后小灯、后牌照灯、仪表背光灯、小灯指示灯及部分背光灯等，如图 1-41 所示。

图 1-41　小灯

（4）近光灯。

灯光开关末端旋钮转到"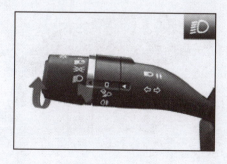"挡，近光灯开启，点亮近光灯及小灯，如图 1-42 所示。

图 1-42　近光灯

（5）全天候灯。

灯光开关末端旋钮转到"≣Ɒ"挡，灯光开关中间旋钮转到"🔦"挡，全天候灯开启，如图1-43所示。

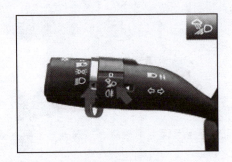

图1-43　全天候灯

（6）后雾灯。

灯光开关末端旋钮转到"≣Ɒ"挡，将雾灯旋钮转到"Οϝ"挡，后雾灯开启，如图1-44所示。

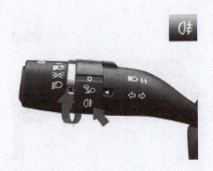

图1-44　后雾灯

（7）远光灯。

灯光开关末端旋钮转到"≣Ɒ"位置，灯光开关手柄往下推压（远离转向盘），远光灯开启，如图1-45所示。

图1-45　远光灯

（8）超车灯。

灯光开关手柄往上抬（靠近转向盘），超车灯点亮；松开后，灯光开关自动复位，超车灯熄灭。

（9）转向灯。

将灯光手柄轻抬到第①/③挡位，左/右转向灯以及仪表转向指示灯同时开始闪烁 3 下后，灯光手柄自动复位。

将灯光手柄重抬到第②/④挡位，左/右转向灯以及仪表转向指示灯同时开始闪烁，方向盘回位后，灯光手柄恢复到原位，如图 1-46 所示。

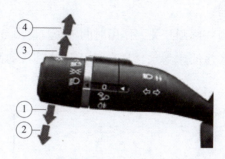

图 1-46　转向灯

（10）自动熄灯功能。

自动熄灯功能开启条件：在组合开关灯光打到"ЭО⊂"挡或"ЭD"挡时，电源由"启动"状态切换至"停止"状态时，该功能启动。

启动自动熄灯功能后，如果左前门处于关闭状态，10 s 后，自动熄灯功能会自动将已打开的前大灯、小灯、后雾灯、远光灯熄灭。

启动自动熄灯功能后，如果左前门处于打开状态，10 min 后，自动熄灯功能会自动将已打开的前大灯、小灯、后雾灯、远光灯熄灭。

新能源汽车灯光
功能的使用

7. 雨刮开关

（1）前风窗玻璃刮水器与洗涤器。

控制杆用来控制风窗玻璃刮水器和洗涤器。此杆共分五个挡位，如图 1-47 所示。

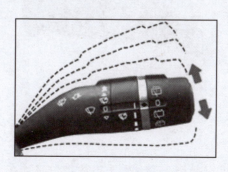

图 1-47　雨刮开关

①⩔高速刮水模式；

②△低速刮水模式；

③ 自动雨刮/间歇挡位；

④ 停；

⑤ 点刮模式。

若欲选择挡位，上抬或下压控制杆即可。在低速与高速挡位时，雨刮连续刮水。若欲让雨刮在点刮模式"▽"下运作，应从"□"位置将控制杆下压，雨刮将低速刮水，直至驾驶员将控制杆松开为止。

（2）前风窗玻璃洗涤器。

向上拉（靠近转向盘侧）雨刮开关，作用时间较短（在0.5 s内时），只喷水不刮水；作用时间较长时，一直喷水并低速刮水，且在松开开关后自动刮水 3 次并回到原位，如图 1-48 所示。

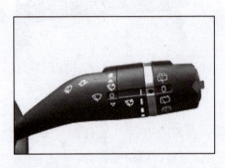

图 1-48　前风窗玻璃洗涤器

（3）后风窗玻璃刮水器及洗涤器。

将雨刮开关末端旋钮转到位置，后风窗刮水器启动；将旋钮转到"□"挡，刮水器停止工作。将开关旋钮转到后雨刮位置并保持，后风窗刮水器和洗涤器同时启动，如图 1-49 所示。

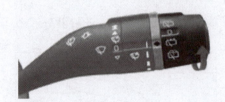

图 1-49　后风窗玻璃刮水器及洗涤器

8. 左前门开关组

（1）电动车窗开关。

每扇车门上的开关都可以操作车窗。整车电源挡位必须在"ON/OK"挡。驾驶员侧车窗控制开关有四个按键，可分别控制四个门的玻璃升降。

下降——按下开关；上升——拉起开关。

在车窗操作过程中，停止操作开关，可使车窗停在中途。

驾驶员侧车窗自动操作——驾驶侧开关完全按下，然后松开，驾驶员车窗将完全打开；驾驶侧开关完全拉起，然后松开，驾驶员车窗将完全关闭。需中途停止，则任意操作一下开关即可停止，如图 1-50 所示。

（2）中控门锁。

驾驶员侧车门配有电动门锁开关。这两个开关可以将所有的车门闭锁或解锁。

①闭锁。

按"中控锁闭锁"按键，四门门锁同时闭锁，闭锁红色指示灯点亮。

②解锁。

按"中控锁解锁"按键，四门门锁同时解锁，闭锁红色指示灯熄灭，如图 1-51 所示。

图 1-50　电动车窗开关　　　　　　　图 1-51　中控门锁开关

（3）外后视镜调节按键。

外后视镜调节按键如图 1-52 所示。

—左侧外后视镜按键；　—外后视镜调节按键；

—右侧外后视镜按键；　—外后视镜折叠按键

图 1-52　外后视镜调节按键

二、新能源汽车的驾驶

1. 启动车辆

携带有效智能钥匙或将 NFC（含卡片或手机）放置在车内 NFC 标识处。在踩下制动踏板的情况下按下"启动/停止"按键。

当仪表上"OK"指示灯点亮，表示车辆达到可行驶状态。

长按智能钥匙上的"启动/熄火"按键，可启动车辆，启动成功后转向灯闪烁3次，如图1-53所示。

图1-53　遥控启动

启动成功后，长按智能钥匙上的"启动/熄火"按键，将熄火并退电至"OFF"挡，转向灯闪烁2次。

2. 驾驶车辆

驾驶过程中，能源在车辆减速时通过再生制动器得以回收，不过为了更有效地使用，不可对车辆进行不必要的加速或减速。

可以通过多媒体系统进行能量回馈强度设置。

标准：松加速踏板时电机控制器回收能量标准，车辆减速度标准。较大：松加速踏板时电机控制器回收能量较大，车辆减速度较大。

用户可以根据自己对松加速踏板时的减速感需求自由选择回馈强度，体验不同减速感，获得不同的驾驶乐趣。

能量回馈强度设定以后，具有记忆功能，即使车辆退电以后，下次再上电时，仍保持上次设定的回馈模式。

在HEV模式下，发动机根据需要自动启停，以便为电池充电或提供额外的动力；某些情况下，发动机可能会启动；若已启动则发动机可能会停止。

整车动力在电量低时，较电量高时弱。

驾驶前安全检查。

（1）车辆外部。

轮胎：检查胎压，并仔细检查胎面是否存在切口、损坏、异物，轮胎是否异常、过度磨损。

车轮螺母：确认螺母是否松脱或遗失。

渗漏：车停下稍许后，检查车底是否有燃油、机油、冷却液或其他液体（因开空调而产生的水滴则是正常现象）渗漏。

照明：确认大灯、位置灯、转向信号灯和其他照明全部正常工作。检查大灯灯光强度。

（2）车辆内部。

安全带：检查带扣是否能扣牢。确认安全带没有磨损或擦伤。

组合仪表：特别要确认保养提示指示灯、仪表照明和除霜器工作正常。制动踏板：确认制动踏板具有足够的运动空间。

启动铁电池和电缆：检查接头有无腐蚀或松脱，启动铁电池壳体有无裂痕。

（3）前舱内部。

备用保险丝：确认备有各类保险丝，应备有保险丝盒中各种额定电荷量的规格。

冷却液液位：确认冷却液液位正确。

燃油管：检查管路是否有漏油和连接松脱。

（4）车辆启动后检查。

排气系统：听声音确认有无漏气，如有任何漏气，应立刻维修。

机油位：热机后停止发动机 10 min，将车辆停在平坦地面，检查机油位。

组合仪表：确认保养提示指示灯及车速表工作正常。

制动器：在安全的地方，驾驶车辆直线行驶，握紧转向盘然后减速制动时，确认整车行驶方向不偏向任何一方。

其他不正常现象：检查是否有松脱的部分和渗漏，是否有不正常的噪声。

（5）驾驶前的准备工作。

进入车内之前，须检查一下车辆四周的情况。

调节座椅位置、座椅靠背角度、座椅坐垫高度、头部保护装置高度、转向盘角度和高低。

调节内后视镜和外后视镜。关上所有的车门。

系好座椅安全带。

3. 换挡操作机构

（1）挡位。

换挡操纵机构挡位标识在换挡手柄上，如图 1-54 所示。

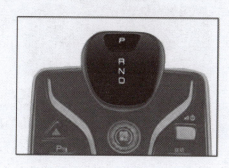

图 1-54　换挡操作机构

"R"：倒车挡，必须在车辆完全停止后方可使用。

"N"：空挡，当需要暂时停车时使用。

"D"：行车挡，正常行驶时使用此挡位。

除上述功能外，在"D"／"R"挡状态下，车速≤3 km/h 时，主驾车门由关到开，为保证行车安全，挡位会自动跳回"P"挡。

启动时，上"OK"挡位，挂"D"／"R"挡即可实现与电子驻车系统的联动。

所有不合理的换挡操作，可能会对动力总成造成损害。挡位切换状态如表1-4所示。

表1-4　挡位切换状态

项目	P	R	N	D
P		电源模式为"OK"挡，车速≤3 km/h	电源模式为"ON/OK"挡，车速≤3 km/h	电源模式为"OK"挡，车速≤3 km/h
R	电源模式为"OK"挡，需踩下制动踏板		电源模式为"OK"挡，车速≤3 km/h，需踩下制动踏板	电源模式为"OK"挡，车速≤3 km/h
N	电源模式为"ON/OK"挡，需踩下制动踏板	电源模式为"OK"挡		电源模式为"OK"挡
D	电源模式为"OK"挡，需踩下制动踏板	电源模式为"OK"挡，车速≤3 km/h	电源模式为"OK"挡，车速≤3 km/h，需踩下制动踏板	

（2）"P"挡驻车开关。

按下"P"挡锁止开关按键，则实现"P"挡电机锁止功能，按键背景灯点亮，此时整车挡位进入"P"挡状态，如图1-55所示。

图1-55　"P"挡驻车开关

4. 电子驻车（Electrical Parking Brake，EPB）

（1）手动拉起 EPB。

向上拉起 EPB 开关，EPB 会施加适当的驻车力，仪表上的指示灯（Ⓟ）会先闪烁，常亮之后代表 EPB 已拉起，并有文字提示"电子驻车已启动"，如图1-56所示。

图1-56　EPB开关

Ⓟ闪烁时表示EPB正在工作，若处于坡道上，此时尽量不要松开制动踏板，以免造成溜车风险，待Ⓟ常亮后再松开制动踏板。

（2）EPB自动拉起。

整车电源挡位由"ON"挡切换至"OFF"挡时，EPB会自动拉起，仪表上指示灯Ⓟ会点亮，并有文字提示"电子驻车已启动"。

踩制动踏板将车停下，挂"P"挡后，EPB会自动拉起，待仪表上指示灯由闪烁变为常亮且有文字提醒"电子驻车已启动"后，再松开制动踏板。

（3）手动释放EPB。

整车电源挡位处于"ON"挡或启动状态，且换挡杆处于非"P"挡（驻车挡）时，持续踩住制动踏板并向下按一下EPB开关，直至仪表上的指示灯Ⓟ熄灭，即表示已释放电子驻车，并有文字提示"电子驻车已解除"。

（4）起步时自动释放EPB。

在平路或小坡上（坡度<10°），车辆处于驻车状态，启动车辆，持续踩下制动踏板，将挡位由"P"或"N"挡挂入"D"或"R"等行驶挡位后，EPB会自动释放，指示灯熄灭，并有文字提示"电子驻车已解除"。

5. 自动驻车（AVH）

（1）自动驻车开关。

自动驻车（AUTOHOLD，AVH）功能即车辆在较长时间发动机运转状态下停车，如在斜坡上、遇到红绿灯或者走走停停的交通状态下，自动驻车功能满足的条件下，无须踩制动踏板或者拉起电子驻车开关，如图1-57所示。

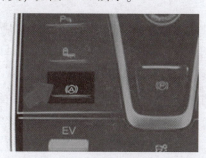

图1-57　自动驻车开关

（2）低速挪车工况。

通过挂"R"挡进入低速挪车工况，此时 AVH 功能进入挪车工况状态，"R"挡低速倒车，或切换"D"挡低速行驶，AVH 都处于抑制激活状态，以便于提高挪车流畅性。

进入挪车工况后可以通过按一下 AVH 开关，或车速超过 10 km/h，退出挪车工况，AVH 功能可以正常激活。

（3）自动驻车功能运行的条件。

自动驻车已经满足待命状态条件。

车辆在行驶挡位下，车辆由踩制动踏板控制到车辆静止。

自动驻车功能启动，车辆制动灯及高位制动灯点亮，且仪表 AVH 指示灯变成绿色。

自动驻车功能在工作 10 min 后直接进入待命状态，且同时自动拉起 EPB。

6. 驾驶要领

在逆风中应缓慢行驶，这样便于控制车辆。

在有镶边石道路行驶时，应缓慢行驶，并尽可能保持正确的角度。避免在具有高而尖锐边缘的物体上或其他道路障碍物上行驶。否则将导致轮胎严重损坏。

经过颠簸路面或在坎坷不平的道路上行驶时要减慢车速。否则，冲击将严重损坏车轮。

清洗车辆或驾驶经过深水将弄湿制动器。检查它们是否被弄湿时，先要确认周围是否安全，然后轻轻地踩制动踏板。如果没有感到正常的制动力，则制动器可能被弄湿了，需使其干燥，可以在使用电子驻车开关的情况下，小心驾驶的同时轻踩制动踏板。

7. 冬季驾驶要领

（1）确认冷却液具有正确的防冻保护作用。

使用与原车型号相同的冷却液，根据环境温度选择合适的冷却液型号，加注到冷却系统中。

使用不适当的冷却液将损坏冷却系统。

（2）检查电池和电缆状况。

寒冷的天气会使启动铁电池的能量降低，因此，启动铁电池应保持有充分的电量以用于冬季启动。

（3）确认机油的黏度适合冬季驾驶。使用含有抗冻剂的洗涤液。

（4）避免冰雪冻结车门锁。

在车门锁孔内，喷入一些除冰剂或甘油，以防结冰。

（5）避免挡泥板的下方积有冰雪。

挡泥板的下方积有冰雪，会造成转向困难。在严寒的冬季驾驶时，应时常停车，检查挡泥板下是否积有冰雪。

（6）根据行驶路况的不同，建议携带若干必要的紧急用具或物品。

防滑链、车窗刮刀、一袋沙或盐、信号闪光装置、小铲、连接电缆等物品最好能放在车中。

三、新能源汽车的充放电

新能源汽车的起动及驾驶

1. 充电注意事项

（1）任何电源挡位下都可以进行交、直流充电，为保证安全，充电前，建议退电至"OFF"挡，充电时车辆无法进入"OK"挡。

（2）防止充电口盖失灵，切勿反复开闭充电口盖，建议两次开闭充电口盖的时间间隔大于 1 s。

（3）当外部电网短时间断电并再次供电时，原装充电设备会自动重新启动充电，无须重新连接充电设备。

（4）充电口盖、充电枪因天气等原因导致被冻住时，请解冻后再操作，切勿强行开启充电口盖或强行拔枪。

（5）为了避免对充电设备造成损坏，应注意以下事项：

启动车辆前，请确保充电设备已拔开，避免充电枪在未插到位的状态下，车辆可能上"OK"挡，并能够挂挡行驶，导致充电设备及车辆损坏。

请勿在充电口保护盖打开的状态下关闭充电口盖。

请勿用力拉或者扭转充电电缆。

请勿撞击充电设备，以防止跌落、外力冲撞等机械损伤。

请勿在温度高于 50 ℃的环境下存放或者使用充电设备。请勿把充电设备放在靠近加热器或其他热源的地方。

（6）充电前的注意事项如下：

当充电口盖解锁后，开启充电口盖，手握充电枪，将充电枪对准充电口并推入，确保充电枪插入到位。

（7）充电中的注意事项如下：

充电时空调可正常使用，但会降低充电功率。

建议将车辆停放在通风处，车头半米内请勿遮挡。

当电池加热工作后，仪表显示充电功率可能有短时波动，属于正常现象。

组合仪表上会提示预计剩余充满电时间。不同温度、电量、充电设施等情况下，剩余充满电时间存在一定偏差，属于正常现象。

电池冷却可能会启动，压缩机、风扇等零部件按需工作，前舱会有一定的声音，属于正常现象。

充电完成前，为提高电池使用寿命，会开启电池均衡，可能会存在充电时间较长的现象。

在直流充电时，建议充到 80%～90% 即可，若时间允许可充满。

（8）充电结束的注意事项如下：

先停止充电，并确保充电口已解锁。

手握充电枪，并按住充电枪上的按钮，拔出充电枪。充电结束后，请先解锁后，再拔出充电转接头。

拔下充电枪后，请确保充电口保护盖及充电口盖处于闭合状态，避免水等异物进入充电端口，影响正常使用。

（9）电池温度过低或过高时，车辆的充电性能会受到影响。

低温充电时，电池热管理可改善电池低温充电能力，但充电时间会延长，加热耗电量会增加，属于正常现象。

北方气温较低区域，建议用户在有供暖的室内进行充电。南方气温较高区域，建议用户在阴凉通风处充电。

2. 便携式交流充电

（1）设备说明。

新能源的充电操作

该装置由符合国家标准的供电插头、交流充电枪、充电枪保护盖、充电线缆、功能盒组成，简称随车充。供电插头连接家用标准供电插座，交流充电枪连接车辆交流充电口。

供电插座应选用符合国家标准的家用插座，避免因大功率充电导致线路损坏和保护跳闸，影响其他设备的正常使用。

推荐使用 220 V /10 A 的专用交流线路和电源插座。

充电时间：参考组合仪表上的充电时间提醒。

（2）充电操作指南。

解锁整车，按下车辆右侧的充电口盖，充电口盖自动打开，如图 1-58 所示。

打开车辆充电口保护盖，如图 1-59 所示。

图 1-58　开启充电口盖

图 1-59　打开车辆充电口保护盖

连接供电口端：将随车充插头插入家用插座中，随车充上功能盒电源指示灯常亮（红色灯），如图 1-60 所示。

图 1-60 连接供电口端

连接车辆接口：将随车充的充电枪连接至充电口，并可靠锁止。插好充电枪，组合仪表充电连接指示灯点亮。随车充上充电指示灯会闪烁（绿色灯），如图 1-61 所示。

图 1-61 连接车辆接口

3. 交流充电桩充电

（1）设备说明。

单相交流充电盒：该装置由充电盒、充电枪和连接线缆组成，如图 1-62 所示。

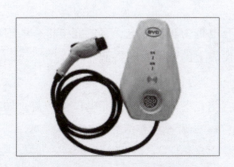

图 1-62 单相交流充电盒

交流充电连接器：该装置由符合国家标准要求的供电插头、充电枪、插头/充电枪保护盖和连接线缆组成，简称七转七。供电插头连接充电桩供电插座，充电枪连接车辆充电口，如图 1-63 所示。

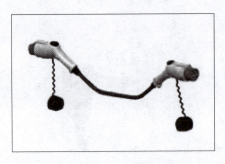

图 1-63　交流充电连接器

（2）充电操作指南。

解锁整车，打开充电口盖：参照家用便携式交流充电的解锁充电口盖，打开车辆右侧的充电口盖。

连接供电口端：若使用充电盒为车辆充电，则无须此步操作。

若使用交流充电桩且充电桩配备充电枪，则无须此步操作。

若使用单相交流充电桩且充电桩未配备充电枪，则需使用七转七，使用时需将供电插头连接至充电桩上的供电插座。

连接车辆接口：将充电装置的充电枪连接至车辆充电口，并可靠锁止。

（3）停止充电操作指南。

结束充电：充电设备设置提前结束或电量充满车辆自动结束充电。

断开充电口连接：参照家用便携式交流充电断开充电口连接。

断开供电插头：若使用交流充电桩且充电桩配备充电枪，则无须此步操作。若使用七转七，建议先拔出充电枪，后拔出供电插头。

4. 直流充电桩充电

（1）设备说明。

使用公共场所的直流充电桩为车辆充电，直流充电桩一般安装在特定的充电站。

充电时间：参考组合仪表上的充电时间提醒。

（2）充电操作指南。

解锁整车，打开车辆右侧充电口盖和直流充电口保护盖，如图 1-64 所示。

图 1-64　打开直流充电口保护盖

连接车辆接口：先将直转交充电适配器插入车辆插座，插合完成后，锁止卡扣咬合车辆充电座锁口；再将直流充电枪插入适配器；插合完成后，直流充电枪锁止卡扣咬合适配器锁口。

（3）停止充电操作指南。

结束充电：直流充电桩设置提前结束或充满后自动结束充电。

断开充电口连接：按下直流充电枪上的机械锁止按钮，拔出充电枪。

直流充电桩充电结束后，整理充电设备，并妥善放置，将充电枪放到直流充电桩的指定位置。

关闭充电口保护盖与车辆充电口盖。

5. VTOL 车外放电方法

（1）设备说明。

3.3 kW 放电连接装置。

车辆对负载放电连接装置（VTOL）：该装置由放电枪、排插、电缆及放电枪保护盖组成，如图 1-65 所示。

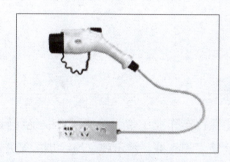

图 1-65　车辆对负载放电连接装置（VTOL）

（2）放电操作指南。

放电前，车辆处于解除防盗状态。

解锁充电口盖，打开充电口盖、充电口保护盖。

参见便携式交流充电的解锁充电口盖，打开车辆右侧的充电口盖、充电口保护盖。

放电前检查：确保 VTOL 连接装置没有壳体破裂、电缆磨损、插头生锈或有异物等异常情况。

确保充电口端口内没有水或外来物，金属端子没有生锈或者腐蚀造成的破坏或者影响。

若出现以上情况，禁止放电，否则可能导致短路或电击，引起人身伤害。

连接放电连接装置：将 VTOL 放电枪连接至充电口，并可靠连接。放电开始：按下放电插座上开关等待几秒后，插座指示灯常亮（红色），表示插座可以使用，如图 1-66 所示。

图 1-66　充放电指示灯

放电装置连接好后，车辆开始放电，车辆仪表显示放电信息。

（3）停止放电操作指南。

结束放电：按下放电插座上的开关。

断开放电连接装置：按下放电枪机械按钮，将放电枪从充电口中拔出。关闭充电口保护盖和充电口盖（参照便携式交流充电）。

整理设备：放电完成后将放电设备放入后备厢储物盒或网兜内。

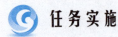 **任务实施**

一、实训场地和器材

新能源汽车整车、新能源汽车作业工位、绝缘手套、绝缘鞋、绝缘安全帽、护目镜、防静电服、绝缘工具、安全锁、隔离桩、警示牌、绝缘垫、灭火器、车辆挡块等。

二、作业准备

作业前准备，包括场地布置、防护装备穿戴检查、仪器设备检查、车辆准备（比亚迪秦 Plus DM-i）等。

三、操作步骤

1. 解锁车门

分别使用智能钥匙、微动开关、机械钥匙打开左前车门。使用智能钥匙上按键进行车门解锁/闭锁、后背门开启及遥控启动。

2. 座椅调节

使用前排座椅电动调节开关调节主驾座椅，使脚踏板、转向盘和仪表板控制器都位于驾驶员容易控制的范围之内。

3. 使用安全带

调整座椅至合适位置，调整靠背至合适角度。

调节三点式安全带的位置。

4. 启动车辆

携带有效智能钥匙或将 NFC（含卡片或手机）放置在车内 NFC 标识处。

在踩下制动踏板的情况下按下"启动/停止"按键。

当仪表上"OK"指示灯点亮，表示车辆达到可行驶状态。

5. 组合仪表信息识读

识读指示灯/警告灯标识含义。

6. 转向盘调节

将转向盘调节手柄向下按，将转向盘倾斜至需要的角度，或调整至需要的轴向位置，然后将手柄恢复至锁紧位置。

7. 操作换挡操纵机构

"R"：倒车挡，必须在车辆完全停止后方可使用。

"N"：空挡，当需要暂时停车时使用。

"D"：行车挡，正常行驶时使用此挡位。

按下"P"挡锁止开关按键，则实现"P"挡电机锁止功能，按键背景灯点亮，此时整车挡位进入"P"挡状态。

8. 直流充电桩充电

解锁整车，打开车辆右侧充电口盖和直流充电口保护盖。

连接车辆接口。

将充电桩的充电枪连接至车辆直流充电口，并可靠锁止。

按充电设备指导步骤操作，启动充电。

组合仪表充电连接指示灯点亮。

充电过程中，组合仪表显示相关充电参数，同时显示充电画面。

断开充电口连接。

9. VTOL 车外放电

（1）放电前，车辆处于解除防盗状态。

（2）解锁充电口盖，打开充电口盖、充电口保护盖。

（3）放电前检查。

（4）连接放电连接装置。

（5）放电开始。

四、竣工检验

整理、恢复作业场地。

五、实训任务总结

所有同学回到理论教室，分组派代表上台展示相关操作视频和图片，由其他组同学进行评价，并对不足之处进行补充。总结本次实训内容。

_____

_____

_____

_____

_____

_____

_____

_____

_____

_____

_____

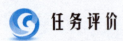 任务评价

新能源汽车使用与操作考核评分标准

序号	作业项目	考核内容	配分	评分标准	评分记录	得分
1	解锁车门	能按要求完成车门解锁	15	1. 能使用智能钥匙进行车门解锁；（5分） 2. 能使用微动开关进行车门解锁；（5分） 3. 能使用机械钥匙进行车门解锁（5分）		
2	座椅调节	能按要求进行座椅调节	5	能按要求进行座椅调节（5分）		
3	使用安全带	能正确使用安全带	10	能正确按要求使用并调节安全带（10）		
4	启动车辆	能正确启动车辆	10	能正确启动车辆（10分）		
5	组合仪表信息识读	能正确识读组合仪表信息	20	1. 正确读取车辆信息；（10分） 2. 正确读取车辆行驶数据（10分）		

序号	作业项目	考核内容	配分	评分标准	评分记录	得分
6	转向盘调节	能正确调节转向盘	10	能正确将转向盘调整至合适位置（10分）		
7	操作换挡操纵机构	能正确操作换挡操纵机构	10	能正确操作换挡操纵机构（10分）		
8	直流充电桩充电	能正确进行直流充电桩充电	10	能正确进行直流充电桩充电（10分）		
9	VTOL车外放电	能正确进行VTOL车外放电	10	能正确进行VTOL车外放电（10分）		
分数总计			100			

任务拓展

一、填空题

1. 智能钥匙的按键功能包括_____、_____、_____、_____、_____和_____。

2. 新能源汽车的充电方式包括_____、_____和_____。

二、选择题

1. 下列图标代表自动驻车指示灯的是（　　）。

A. (A)　　　　B. OΞ　　　　C. ≡A　　　　D. ☼

2. 前排座椅调节开关可以调节（　　）个方向。

A. 1　　　　B. 2　　　　C. 3　　　　D. 4

三、简答题

1. 请简述新能源汽车的交流充电方法。

2. 请简述新能源汽车各个挡位的含义。

新能源汽车售后服务中心及救援服务

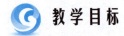 **教学目标**

知识目标

(1) 了解新能源汽车售后服务中心。

(2) 了解新能源汽车维护保养的基本内容。

(3) 熟悉新能源汽车的定期保养项目。

技能目标

(1) 能正确完成新能源汽车呼叫紧急救援的操作。

(2) 能按标准完成新能源汽车发生故障时的操作流程。

素质目标

(1) 在操作过程中具备安全意识。

(2) 培养处理紧急问题的临场应变能力。

 情景导入

李伟在一家新能源汽车 4S 店的维修车间实习，某天一位购车客户购买了一辆比亚迪唐 DM-i，客户想要了解新能源汽车售后服务中心及救援服务，他如何才能完成这项任务？

信息获取

一、新能源汽车售后服务中心

1. 新能源汽车售后服务中心组织机构

新能源汽车售后服务中心，主要是为新能源汽车车主提供各类售后服务，包括车辆维修、保养、故障排除、电池更换等服务。这些服务中心通常由专业的汽车维修企业或者新能源汽车品牌授权提供，旨在为车主提供方便、高效且专业的维修保养服务，其基本组织架构如图 1-67 所示。

2. 新能源汽车维保工作流程

新能源汽车售后服务中心经营流程是指从客户委托保养或维修车辆，到保养或维修完毕，车辆交付客户的整个工作步骤的逻辑顺序，不同工作岗位之间的工作关系如图 1-68 所示。

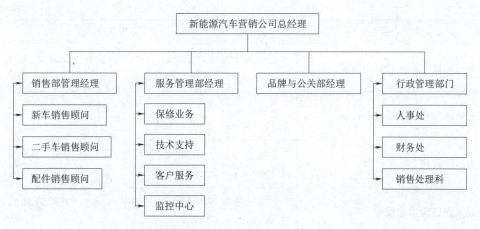

图 1-67　新能源汽车售后服务中心组织架构

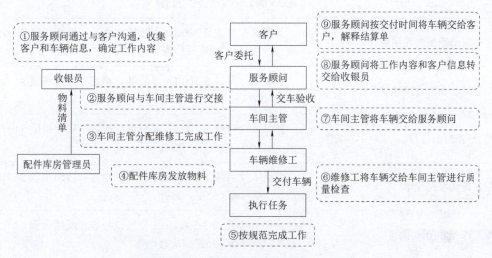

图 1-68　不同工作岗位之间的工作关系

二、新能源汽车保养周期及保养内容

1. 整车保养

整车保养里程指的是总里程，保养里程和月数以先到者为准，整车保养如表 1-5 所示。

表 1-5　新能源汽车整车保养

保养项目	保养时间和里程间隔
检查冷却水管有无损伤，并确认连接管部是否锁紧	首保 6 个月或 3 500 km（公里）检查，后续每隔 12 个月或 7 500 km（公里）检查
检查排气管接头是否漏气	首保 6 个月或 3 500 km（公里）检查，后续每隔 24 个月或 15 000 km（公里）检查

保养项目	保养时间和里程间隔
检查三元催化器外观是否磕碰	首保 6 个月或 3 500 km（公里）检查，后续每隔 24 个月或 15 000 km（公里）检查
检查燃油箱盖、燃油管和接头	首保 6 个月或 3 500 km（公里）检查，后续每隔 24 个月或 15 000 km（公里）检查
检查活性碳罐	首保 6 个月或 3 500 km（公里）检查，后续每隔 24 个月或 15 000 km（公里）检查
检查紧固底盘固定螺丝	首保 6 个月或 3 500 km（公里）检查，后续每隔 24 个月或 15 000 km（公里）检查
检查制动踏板和电子驻车开关	首保 6 个月或 3 500 km（公里）检查，后续每隔 24 个月或 15 000 km（公里）检查
检查制动摩擦块和制动盘	首保 6 个月或 3 500 km（公里）检查，后续每隔 12 个月或 7 500 km（公里）检查
检查制动系统管路和软管	首保 6 个月或 3 500 km（公里）检查，后续每隔 24 个月或 15 000 km（公里）检查
检查转向盘、拉杆	首保 6 个月或 3 500 km（公里）检查，后续每隔 24 个月或 15 000 km（公里）检查
检查传动轴防尘罩	首保 6 个月或 3 500 km（公里）检查，后续每隔 24 个月或 15 000 km（公里）检查
检查球销和防尘罩	首保 6 个月或 3 500 km（公里）检查，后续每隔 24 个月或 15 000 km（公里）检查
检查前后悬架装置	首保 6 个月或 3 500 km（公里）检查，后续每隔 24 个月或 15 000 km（公里）检查
检查前轮定位、后轮定位	首保 6 个月或 3 500 km（公里）检查，后续每隔 24 个月或 15 000 km（公里）检查
轮胎换位	首次 18 个月或 11 000 km（公里）换位，后续每隔 24 个月 15 000 km（公里）换位
检查车轮轴承有无游隙	首保 6 个月或 3 500 km（公里）检查，后续每隔 24 个月或 15 000 km（公里）检查
检查前舱盖锁及其紧固件	首保 6 个月或 3 500 km（公里）检查，后续每隔 12 个月或 7 500 km（公里）检查
检查副水箱内冷却液液面高度	首保 6 个月或 3 500 km（公里）检查，后续每隔 12 个月或 7 500 km（公里）检查

保养项目	保养时间和里程间隔
检查制动液	首保 6 个月或 3 500 km（公里）检查，后续每隔 12 个月或 7 500 km（公里）检查
检查整车模块故障码（记录后清除）	首保 6 个月或 3 500 km（公里）检查，后续每隔 12 个月或 7 500 km（公里）检查
检查动力电池托盘、防撞杆、护板、防撞杆和安装扭矩	首保 6 个月或 3 500 km（公里）检查，后续每隔 12 个月或 7 500 km（公里）检查
动力电池包密封性检测	每 2 年或 40 000 km（公里）进行检测，以先到者为准
检查动力总成是否漏液、磕碰	首保 6 个月或 3 500 km（公里）检查，后续每隔 12 个月或 7 500 km（公里）检查
检查高压配电盒、直流充配电盒等紧固件	首保 6 个月或 3 500 km（公里）检查，后续每隔 12 个月或 7 500 km（公里）检查
检查高压线束或接插件是否松动、引脚是否烧蚀	首保 6 个月或 3 500 km（公里）检查，后续每隔 12 个月或 7 500 km（公里）检查
检查高压模块件外观是否变形、是否有油液	首保 6 个月或 3 500 km（公里）检查，后续每隔 12 个月或 7 500 km（公里）检查
检查各充电连接器接口处是否有异物、烧蚀等情况	首保 6 个月或 3 500 km（公里）检查，后续每隔 12 个月或 7 500 km（公里）检查
检查整车模块是否有软件更新，有则更新	首保 6 个月或 3 500 km（公里）检查，后续每隔 12 个月或 7 500 km（公里）检查
检查高压部件是否有涉水痕迹	首保 6 个月或 3 500 km（公里）检查，后续每隔 12 个月或 7 500 km（公里）检查
检查灯具灯泡、LED 是否点亮正常	首保 6 个月或 3 500 km（公里）检查，后续每隔 24 个月或 15 000 km（公里）检查
检查前灯调光功能是否正常	首保 6 个月或 3 500 km（公里）检查，后续每隔 24 个月或 15 000 km（公里）检查
检查 EPS 搭铁处是否有异物或者被烧蚀	首保 6 个月或 3 500 km（公里）检查，后续每隔 24 个月或 15 000 km（公里）检查
检查 EPS 接插件是否松动，接插件引脚是否被烧蚀	首保 6 个月或 3 500 km（公里）检查，后续每隔 24 个月或 15 000 km（公里）检查
检查 EPS ECU 外观是否被腐蚀	首保 6 个月或 3 500 km（公里）检查，后续每隔 24 个月或 15 000 km（公里）检查

续表

保养项目	保养时间和里程间隔
检查活性炭高效过滤器	首保 6 个月或 3 500 km（公里）检查，后续每隔 12 个月或 7 500 km（公里）检查
检查 PM2.5 速测仪滤网	首保 6 个月或 3 500 km（公里）检查，后续每隔 12 个月或 7 500 km（公里）检查
更换动力电池冷却液	首次 2 年或者 40 000 km 更换，后续每 2 年或者 100 000 km 更换，以先到者为准
近光初始下倾度校准	每隔 10 000 km（公里）校准一次
更换发动机冷却液及驱动电机冷却液	4 年或 10 000 km（公里）更换长效有机酸型冷却液，以先到者为准
更换制动液	每 2 年或 40 000 km（公里）更换一次，例行保养时检查
检查和更换 EHS 专用齿轮油	例行保养时检查 EHS 齿轮油油量；每 4 年或 60 000 km（公里）换一次油，每次换油时同步更换滤清器滤芯总成
检查变速器滤清器盖罩	首保 6 个月或 3 500 km（公里）检查，后续每隔 12 个月或 7 500 km（公里）检查
检查车门限位器用湿润软布去除拉杆灰尘，在拉杆、铆接处及转轴涂抹 0.3~0.8 g 润滑脂	首保 6 个月或 3 500 km（公里）检查，后续每隔 12 个月或 7 500 km（公里）检查
容量测试及校正	每 6 个月或 72 000 km（公里）

2. 发动机保养

发动机保养里程指的是整车 HEV（Hybrid-Electric-Vehicle，混合动力汽车）里程，HEV 里程和月数以先到者为准，发动机保养如表 1-6 所示。

表 1-6 发动机保养

保养项目	保养时间和里程间隔
更换机油及机油滤清器	首保 6 个月或 3 500 km（公里）检查更换，后续每隔 12 个月或 5 000 km（公里）检查更换
汽油清净剂	除首保外，后续每隔 12 个月或 5 000 km（公里）添加
火花塞	首次 42 个月或 18 500 km（公里）更换，后续每隔 48 个月或 20 000 km（公里）更换
燃油滤清器	首次 30 个月或 13 500 km（公里）更换，后续每隔 36 个月或 15 000 km（公里）更换

续表

保养项目	保养时间和里程间隔
更换空气滤清器滤芯	首次 42 个月或 18 500 km（公里）更换，后续每隔 48 个月或 20 000 km（公里）更换
检查曲轴箱通风系统（PCV 阀和通风软管）	首保 6 个月或 3 500 km（公里）检查，后续每隔 12 个月或 5 000 km（公里）检查
检查发动机怠速	首保 6 个月或 3 500 km（公里）检查，后续每隔 24 个月或 10 000 km（公里）检查
更换碳罐灰尘过滤器	每 2 年或 30 000 km（公里）或加油频繁跳枪

二、新能源汽车救援服务

1. 紧急（E-call）

E-call 指紧急救援，当用户车辆出现严重碰撞，或遭遇紧急情况时，用户可按下该键以最高优先级接通呼叫中心，人工客服将同时获取客户和车辆的重要数据并协助驾驶员脱离危险，如有需要立即派出救护车赶往现场以保证用户的安全。紧急救援按钮如图 1-69 所示。

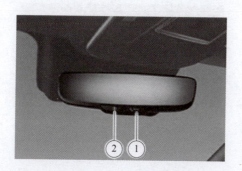

图 1-69　紧急救援按钮
①—E-call 按钮；②—云-call 按钮

当用户按下 E-call 按钮<2 s 时，多媒体会弹出提示框，显示"请长按 SOS 呼叫紧急救援"字样。

当用户按下 E-call 按钮≥2 s 时，多媒体则会直接拨打紧急救援中心电话，如需挂断，点击多媒体上"■■"按钮即可。

2. 道路救援（云-call）

云-call 指道路救援，当用户车辆发生故障，按下该键向车辆生产商服务中心发送"道路救援"信号，在服务中心的帮助下获得道路救援、信息提供、人文关怀等一系列帮助。

当用户按下云-call 按钮<2 s 时，多媒体会弹出提示框，显示"请长按 呼叫比亚迪智慧服务"字样。用户需要使用该功能，必须按下此按钮 2 s 以上。

当用户按下云-call 按钮≥2 s 时，多媒体则会直接拨打智慧服务中心电话，以保证用户的出行。如需挂断，点击多媒体上"■■"按钮即可。

远程导航：当用户不知道具体地点或者不方便操作时，可要求云-call 协助进行远程导航。云-call 会将目的地进行定位，并下发到车机。车机会自动启动地图，并导航到目的地。

三、新能源汽车应急处理

新能源汽车事故救援流程

1. 智能钥匙电池电量耗尽

如果电子智能钥匙指示灯不闪烁，且使用启动功能不能启动车辆时，则可能是电池电量耗尽。此时可以使用无电模式启动车辆，方法如下：

（1）使用机械钥匙解锁。

（2）踩下制动踏板并按下"启动/停止"按键，此时仪表上智能钥匙系统警告灯点亮，且车辆中的扬声器鸣响一声。

（3）在扬声器鸣响后的 30 s 内将智能钥匙靠近副仪表台无电标识，扬声器会再次鸣响一声提示，此时智能钥匙系统警告灯熄灭，可以启动发动机，如图 1-70 所示。

图 1-70　副仪表台无电标识

（4）在扬声器再次鸣响后的 5 s 内启动车辆。

2. 车辆不能启动

（1）简单检查。

如果发动机转动过慢或不能转动：检查蓄电池接头是否拧紧。

如果蓄电池接头无异常，则打开前室内灯。如果室内灯不亮或光线暗淡，则表示蓄电池电量不足，可与比亚迪汽车授权服务店联系。如果室内灯已点亮，但发动机不能启动，可与授权服务店联系。

如果起动机以正常转速转动，但发动机不能运转，则重新启动车辆。

如果发动机不能启动，则可能由于反复启动而导致发动机溢油、BMS 电池管理器模块故障或发电机模块等启动相关模块故障。

如果发动机仍然不能启动，就需要进行调整或修理，可与授权服务店联系。

（2）发动机溢油。

如果发动机不能启动，则可能由于反复启动而导致发动机溢油。

如果发生发动机淹缸的情况，可手动进行以下操作：

整车"OK"指示灯点亮，ECO 模式，发动机处于停机状态，手动切换挡位至"N"挡；

手动持续拉起 EPB 开关，同时将刹车和油门踏板踩到底，等待数秒，即可进入清缸功能。

如果启动了 5 s，发动机仍不能启动时，等数分钟后，再次启动。

如果发动机仍不能启动，就需要进行调整或修理，可与授权服务店联系。

3. 车辆拖曳

车辆牵引钩堵盖位于前格栅右下角处，安装位置如图 1-71 所示。

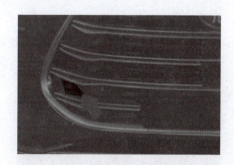

图 1-71　牵引钩位置

牵引盖的开启方式：在牵引钩盖的缺口位置，使用一字起和翘板轻微翘起，牵引钩盖即可打开。

4. 轮胎漏气

如果轮胎漏气须慢慢降低车速，保持直线行驶。将车驶离道路至远离交通繁忙的安全地点。避免停在高速公路的中央分叉道上，将车停在坚实平坦的地面上。

拉上电子驻车开关并按下"P"按键。整车退电，并打开紧急告警灯。

车上所有人员都须下车到远离交通繁忙的安全地点。

固定车辆以防溜车，须在漏气轮胎的对角线方向的轮胎下面放置挡块。

（1）放置三角警告牌。

三角警告牌用于警告后方车辆，避免后方车辆车速过快或刹车不及时造成与前方正在停泊或维修的车辆碰撞，发生危险。

三角警告牌使用方法：将三角警告牌从包装盒中取出。组合三角警告牌为封闭的三角形。

将三角警告牌支撑支架释放，工作状态如图 1-72 所示。

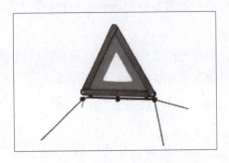

图 1-72　三角警告牌使用方法

（2）使用补胎器。

补胎器可用来密封小的切口，特别是胎面花纹中的切口。用补胎器只是一种紧急解决方法，可以使驾驶员将车开到最近的维修中心，即使轮胎不漏气，也只能在紧急状况下短途行驶。

补胎器位于后备厢内，打开内饰板即可取出。

补胎器组件包括：补胎液、充气泵、标有最高允许车速的胶贴和使用说明，如图 1-73 所示。

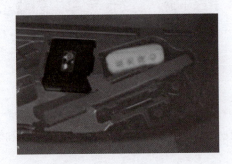

图 1-73　补胎器组件

如果充气泵需要连接电源，可将电源插头插在车内的 12 V 插座上，启动汽车，并将充气泵开关打开，补胎液会通过充气泵的软管与空气一起填充到轮胎内，如图 1-74 所示。

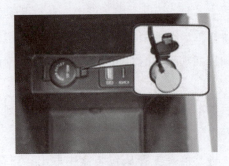

图 1-74　充气泵连接方式

观察充气泵上胎压表的读数。

如在 10 min 内胎压未达到 180 kPa（图 1-75 中深灰色区域），关闭充气泵，联系授权服务店。

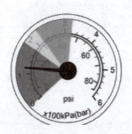

图 1-75　胎压表读数 1

如果胎压在 180~320 kPa（图 1-76 中浅灰和中灰色区域），要尽快拔下套件，并在 1 min 内以低于 80 km/h 的速度行驶，最远行驶不超过 10 km，使补胎液在轮胎内均匀分布。

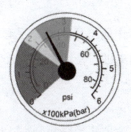

图 1-76　胎压表读数 2

停车并观察仪表胎压情况。

如果胎压>220 kPa，以低于 80 km/h 的速度行驶到最近的服务店。

如果胎压在 130~220 kPa，重复操作把补胎液填充到轮胎内并观察充气泵胎压表读数。

如果胎压没有达到 130 kPa，可联系授权服务店。

素养加油站

身边的大国工匠——郑志明

1997 年，郑志明从职高毕业，进入广西汽车集团有限公司成为一名钳工学徒。

学徒时期，他每天早出晚归，在生产一线磨炼技能。26 年来，郑志明始终扎根生产一线，执着专注、追求卓越；他细心雕琢，将钳工技艺练习得炉火纯青，利用手工锉削可将零件尺寸控制在 0.002 mm 以内。

广西汽车集团旗下的齿轮工厂有大量的美国进口的格里森高端切齿机及研齿机，在使用过程中由于各种问题导致主轴精度降低无法使用。由于是进口设备，没人敢接下主轴维修任务。郑志明主动接下了该任务，由于是进口设备，郑志明也没有维修过。他查找相关资料，经过反复模拟验证，制定了维修策略，经过三天两夜连续奋战，完成进口设备的主轴修复工作，主轴修复后精度达到 0.001 5 mm，满足设备使用需求，解决了进口设备无法维修的问题。

一步一个脚印，郑志明凭借着追求极致的工匠精神，练就了高超的技艺，31 岁成为高级技师，33 岁享受国务院政府特殊津贴待遇，38 岁成为集团首席技能专家，45 岁成为大国工匠。一路走来，郑志明的成长之路，见证了广西汽车制造业的发展之路。

任务实施

一、实训场地和器材

新能源汽车整车、新能源汽车作业工位、绝缘手套、绝缘鞋、绝缘安全帽、护目镜、防静电服、绝缘工具、安全锁、隔离桩、警示牌、绝缘垫、灭火器、车辆挡块等。

二、作业准备

作业前准备，包括场地布置、防护装备穿戴检查、仪器设备检查、车辆准备（比亚迪秦 Plus DM-i）等。

三、操作步骤

1. 智能钥匙电池电量耗尽应急处理

（1）使用机械钥匙解锁。

（2）踩下制动踏板并按下"启动/停止"按键，此时仪表上智能钥匙系统警告灯点亮，且车辆中的扬声器鸣响一声。

（3）在扬声器鸣响后的 30 s 内将智能钥匙靠近副仪表台无电标识，扬声器会再次鸣响一声提示，此时智能钥匙系统警告灯熄灭，可以启动发动机。

（4）在扬声器再次鸣响后的 5 s 内启动车辆。

2. 轮胎漏气应急处理

（1）放置三角警告牌。

（2）使用补胎器。

四、竣工检验

整理、恢复作业场地。

五、实训任务总结

所有同学回到理论教室，分组派代表上台展示相关操作视频和图片，由其他组同学进行评价，并对不足之处进行补充。总结本次实训内容。

_____

_____

_____

_____

_____

_____

_____

_____

_____

_____

_____

_____

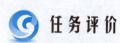 **任 务 评 价**

新能源汽车售后服务中心及救援服务考核评分标准

序号	作业项目	考核内容	配分	评分标准	评分记录	得分
1	智能钥匙电池电量耗尽应急处理	能按要求完成车辆启动	30	1. 能使用机械钥匙解锁车门；（10分） 2. 能使用应急启动方法启动车辆（20分）		
2	放置三角警告牌	能按标准完成三角警告牌放置	20	能按标准完成三角警告牌放置（20分）		
3	使用补胎器	能正确使用补胎器进行补胎	30	能正确使用补胎器进行补胎（30分）		
4	工具使用及现场6S管理	能正确使用工具并按6S管理要求进行	20	1. 正确使用工具；（10分） 2. 现场6S管理（10分）		
分数总计			100			

🌀 任务拓展

一、填空题

1. 紧急救援键的作用是当用户车辆_____或_____，用户可_____。
2. 车辆保养计划是用于保证_____，减少_____。

二、选择题

1. 高速行驶发现轮胎漏气，驾驶员要做的第一步是（   ）。

A. 减速靠边停车　　　　　B. 在当前车道减速停车

C. 在车后放置三角警告牌　　D. 猛打方向

2. 下列导致新能源汽车不能启动的原因中错误的是（   ）。

A. 蓄电池接头未拧紧　　　　B. 发动机溢油

C. 胎压过低　　　　　　　　D. BMS 故障

三、简答题

1. 请简述新能源汽车的整车保养内容。

2. 请简述新能源汽车轮胎漏气的应急处置过程。

任务一
新能源汽车维护前准备与常用检测工具认知使用

教学目标

知识目标

（1）了解维护准备的内容。

（2）掌握常用检测工具的功能和使用方法。

技能目标

（1）能够熟练使用维护检测工具。

（2）能够根据维护作业内容布置场地、准备工具和物料。

（3）能够使用诊断仪读取动力电池相关故障代码及数据流。

素质目标

（1）在项目实施过程中具备团队合作、相互沟通、组织管理能力。

（2）培养求真务实、开拓进取的精神。

（3）培养批判性思维和创新意识。

情景导入

　　王鹏在一家4S店的维修车间实习，有一辆新能源汽车存在故障，经技师初步判断为高压系统故障，维修技师安排王鹏布置高压电操作场地并读取动力电池管理系统故障代码及数据流。他如何才能完成这项任务？

信息获取

一、常用检测工具的认知及使用

（一）举升机的认知

1. 举升机的认知

汽车举升机是指汽车维修行业用于汽车举升的汽保设备，在汽车维修养护中发挥着至关重要的作用。汽车举升机能对检修的汽车进行举升，使其离开地面一定高度，以便于修理人员进入汽车底部作业。常见举升机有双立柱龙门式举升机、剪式举升机和四柱平台式举升机，如图 2-1 所示。

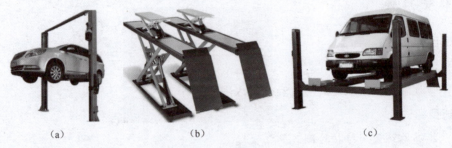

图 2-1　举升机

（a）双立柱龙门式举升机；（b）剪式举升机；（c）四柱平台式举升机

2. 举升机的操作步骤及使用注意事项

举升机的操作步骤如下：

（1）举升前检查。

①接通电源开关，操作所有按钮，要求"手离即停"（手离开按钮时举升机立即停止工作）。两边滑台应同步运行，以保证举升车辆时不会倾斜，且臂锁能够自动锁紧。

②橡胶托垫在举升车辆时起到防滑作用，必须完好无损；钢丝绳不能有断丝或锈蚀现象；安全锁要灵敏有效。

③油管接头不能有漏油现象。

④不得举升超过额定负载以上的车辆，注意长短臂负载比（车头朝向短臂）。

（2）举升操作。

①打开举升机电源旋钮（控制面板上电源指示灯亮）。

②将举升机降到最低位置，推动摆动臂向两边伸展成一直线，为车辆入位提供方便。

③将车辆行驶至合适位置，调整车辆以使车辆重心尽可能靠近举升机的中心。然后拉驻车制动器，停好车辆。

④慢慢转动摆动臂和托盘至车辆的合适位置，调节摆动臂长度，伸长到合适位置。

⑤通过旋转托盘将其调到合适高度，使车辆保持水平，并准确对齐托凹槽与车身支撑点位置。对好四个支撑点（汽车底盘的制定位置上），此位置通常钢板加强，可承受较大的力。

⑥按下上升按钮举升车辆直至轮胎离开地面，晃动车辆以确保车辆平稳。然后开动举升机，待支点与车辆接触后，重新检查支点位置，确定无误后将车辆举升离地 300 mm。

⑦举升车辆时，工作人员应离开车辆，举升机下禁止站人。举升到需要高度时，必须插入保险锁销，并确保安全可靠才可开始车底作业。

（3）下降操作。

放下车辆前应先确保车下无任何人员及物品，将安全保险锁销打开，再按下降按钮使车辆缓慢下降至举升臂，放至最低为止，移开举升臂，驶出车辆。

（二）数字万用表的认知

1. 万用表的认知

万用表是一种多功能、多量程的测量仪器，无论在新能源汽车维护，还是在新能源汽车故障诊断与维修方面，万用表是最常用的检测工具。一般数字万用表可测量直流/交流电流、直流/交流电压、电阻、电容、二极管等，数字万用表如图 2-2 所示。

举升机的使用

（1）万用表的插孔功能。

万用表表笔插孔如图 2-3 所示，其输入插孔符号及含义如表 2-1 所示。

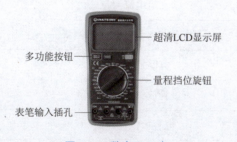

图 2-2　数字万用表

图 2-3　万用表表笔插孔

表 2-1　万用表输入插孔符号及含义

符号	含义
10 A	红表笔插孔，用于测量较大的电流 10 A
mA	红表笔插孔，用于测量较小的电流（以毫安为挡位）
COM	黑表笔插孔，公共端
VΩHz	红表笔插孔，用于测量电容、电压、电阻、二极管和频率等

（2）万用表的旋钮开关功能。

万用表的旋钮开关如图 2-4 所示，其符号及含义如表 2-2 所示。

图 2-4　万用表的旋钮开关

表 2-2　万用表的旋钮开关符号及含义

符号	含义
V~	交流电压测量
V⎓	直流电压测量
Ω	电阻测量
A⎓	直流电流测量
A~	交流电流测量
⤓	二极管，PN 结正向压降测量
•)))	电路通断测量
hFE	三极管放大倍数 β 测量
mF	电容单位：毫法
NCV	非接触感应交流电压测量功能

（3）万用表按键开关的含义。

万用表功能按键如图 2-5 所示，其符号及含义如表 2-3 所示。

图 2-5　万用表功能按键

表 2-3　万用表功能按键符号及含义

符合	含义
HOLD/SELECT	在二极管与蜂鸣器的挡位为手动转换键；在 AC 750 V 挡触发时可测 220 V 及 380 V 的市电频率，其他挡为锁存功能，长按为背光的开启与关闭
TRUE/AVG	真有效值/平均值

2. 万用表的检查与使用注意事项

在使用万用表测量之前，首先要检测万用表是否正常工作。

（1）"功能量程旋钮开关"从"OFF"挡旋到其他任何一个挡位，万用表 LCD 屏应能正常亮起。

（2）如果不能够正常亮起，应检查与更换万用表电池，安装电池时要注意区分其极性。

（3）将万用表的红色表笔插入电阻挡的测试接口，黑色表笔插入 COM 接口。

（4）将挡位打到电阻挡。

（5）红色测量笔与黑色测量笔短接，如果测量到的阻值非常小（<0.5 Ω），则说明万用表内部的熔丝正常，可以进行测量，如图 2-6 所示。

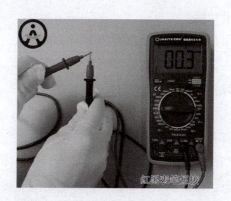

图 2-6　万用表的检查

万用表的使用注意事项如下：

（1）如果被测电阻开路或阻值超过最大量程时，显示"OL"。

（2）当测量在线电阻时，在测量前必须先将被测电路内的所有电源关断，并将所有电容器残余电荷放尽，才能保证测量准确。

（3）在低阻测量时，表笔及仪表内部的引线会带来 0.2~0.5 Ω 电阻的测量误差。

（4）当表笔短路时的电阻值不小于 0.5Ω 时，应检查表笔是否有松脱现象或有其他原因。

（5）测量 1 MΩ 以上的电阻时，可能需要几秒钟后读数才会稳定。这对于高阻的测量属于正常。为了获得稳定的读数，尽量选用短的测试线或配用附件提供的转接插头进行测量，效果更为理想。

（6）在完成所有的测量操作后，要断开表笔与被测电路的连接。

（三）故障诊断仪的认知

1. 故障诊断仪的认知

汽车故障诊断仪是汽车维修中非常重要的工具，在汽车某系统发生故障时，用户可以使用汽车故障诊断仪读取该系统故障码和数据流，诊断故障可能发生的部位和原因。汽车故障诊断仪如图 2-7 所示。

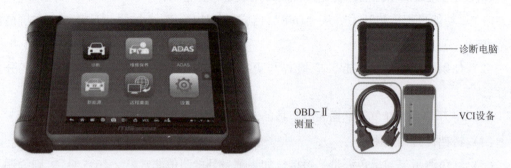

图 2-7　汽车故障诊断仪

故障诊断仪一般有以下功能：

菜单键：进行数据的保存，以备后续进行历史记录的查询。

读故障码：读取存储在引擎系统中的故障码和故障码详细信息，并针对读出的故障码给出故障产生的原因及维修指导信息。

清除故障码：清除系统中的所有故障码。

动态数据流：阅读所有和 ECU 系统相关的运行参数。

冻结帧数据：当出现与排放相关的故障时，ECU 会设置故障码，同时也会记录故障发生瞬间的车辆运行状态信息，以确认故障，这些记录的信息就被称为冻结帧。

准备测试：用于检测汽车当前的准备测试状态，在诊断软件界面单击"准备测试"选项，屏幕显示本车支持该类测试的状态。

——支持且完成：表示本车支持该类测试并已完成；

——支持但未完成：表示本车支持该类测试但尚未完成；

——不支持：表示本车不支持该类测试。

车辆信息：读取车辆的信息，如车辆识别号码（VIN）、校准标识（CALID）和校准验证号（CVN）。

传感器测试：这项服务是为了氧传感器监控测试结果的访问。

模式 6 测试：这项服务是允许特定组件/不连续监测系统监测试验的结果。

蒸发排放系统泄漏测试：这项服务是使用外部诊断测试系统对车辆的蒸发排放系统进行泄露测试。

现在的汽车都实行了 OBD-Ⅱ标准，故 OBD-Ⅱ插头为常用插头。OBD-Ⅱ插头及诊断插座如图 2-8 所示。

图 2-8　OBD-Ⅱ插头及诊断插座

2. 故障诊断仪的诊断流程

故障诊断仪大都随机带有使用手册，按照说明极易操作。一般来说有以下几步：

（1）连接诊断仪。

（2）诊断电脑与诊断仪建立通信。

（3）打开诊断仪电源，根据车型，进入相应诊断系统。

（4）读取故障码，如图 2-9 所示。

（5）查看数据流，如图 2-10 所示。

图 2-9　读取故障码

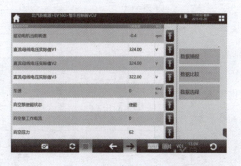

图 2-10　查看数据流

（6）诊断维修之后清除故障码。

（四）绝缘电阻测试仪的认知

故障诊断仪使用

1. 绝缘电阻测试仪的认知

绝缘测试仪又叫数字兆欧表，是一种用于测试电气设备或线路的绝缘性能的工具。它可以帮助我们检测设备是否存在绝缘故障，确保设备安全运行。绝缘电阻测试仪按钮及表笔插口含义如图 2-11 所示。该绝缘电阻测试仪适用于测量变压器、电机、电缆、开关、电器等各种电气设备及绝缘材料的绝缘电阻，对各种电气设备进行维修保养、试验及检定。

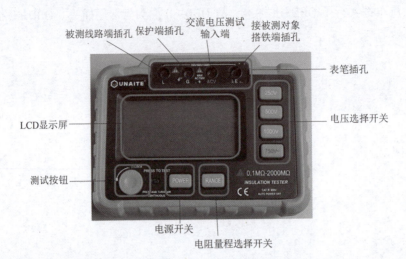

图 2-11　绝缘电阻测试仪按钮及表笔插口含义

数字绝缘电阻测试仪功能、量程及基本精度如表 2-4 所示。

表 2-4　数字绝缘电阻测试仪功能、量程及基本精度

基本功能	量程		基本精度
绝缘电阻 Ω	输出电压	100 V/250 V/500 V/1 000 V	0%~10%
	100 V	0~100 MΩ	±（3%+5）
	250 V	0~99.9 MΩ	±（3%+5）
		100~5.5 GΩ	±（5%+5）
	5 00 V	0~99.9 MΩ	±（3%+5）
		100~5.5 GΩ	±（5%+5）
	1 000 V	0~99.9 MΩ	±（3%+5）
		100 MΩ~5.5 GΩ	±（5%+5）
	测试电流	100 V（R=100 kΩ）1 mA	0%~10%
		50 V（R=50 kΩ）1 mA	
		250 V（R=250 kΩ）1 mA	
		500 V（R=500 kΩ）1 mA	
	短路电流	1 000 V（R=1 000 kΩ）1 mA	<2 mA
交流电压	30 ~70 V		±（2%+3）

2. 绝缘测试仪使用操作流程

（1）绝缘测试仪的有效性检查。

在使用绝缘测试仪测量绝缘电阻之前，需要检测绝缘测试仪是否能够正常工作。测试步骤如下：

①将红色测量线插入 L 插孔，黑色测量线插入 E 插孔。

②按下电源开关"POWER"按键。

③将测量探头置于空气中按下测试按钮，读取测量值，仅最高位显示"1"，表示超过量程，如图 2-12 所示。

图 2-12　绝缘测试仪的检查 1

④将红、黑测量探头短接约 2 s，接触时测试阻值为"0"MΩ，说明绝缘电阻测试仪良好，可以正常使用，如图 2-13 所示。

图 2-13　绝缘测试仪的检查 2

注意事项：在使用绝缘测试仪时，务必注意安全。在执行开路测试时，禁止使用身体部位触碰测试探头，如图 2-14 所示。使用过程中确保测试环境干燥，定期检查和校准绝缘测试仪，以确保测试结果准确。

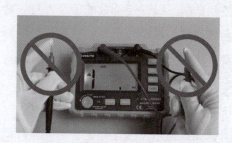

图 2-14　绝缘测试仪的检查 3

（2）绝缘测试仪的测量绝缘电阻。

①将红色测量线一端插入绝缘测试仪 L 插孔，另一端接电机测量端。黑色测量线一端

插入绝缘测试仪 E 插孔，另一端接搭铁。

②根据测量需要选择测试电压（250 V/500 V/1 000 V）。

③根据测量需要选择量程开关（RANGE），电阻量程选择开关含义如表 2-5 所示。

表 2-5　绝缘电阻量程选择开关含义

RANGE 绝缘电阻		250 V：0.1~20 MΩ 500 V：0.1~50 MΩ 1 000 V：0.1~100 MΩ
		250 V：20~500 MΩ 500 V：50~1 000 MΩ 1 000 V：100~2 000 MΩ

④按下测试开关，测试即开始，向右侧旋转可锁定按钮开关，当显示稳定后，即可读数，如图 2-15 所示。

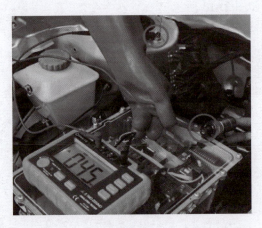

图 2-15　绝缘测试仪的使用

3. 绝缘测试仪使用注意事项

（1）测试电压选择键不按下时，输出电压插孔上将可以输出高压。

（2）测试时不允许手持测试端，以保证读数准确及人身安全。

（3）仪表不宜置于高温处存放，避免阳光直接照射，以免影响液晶显示器的寿命。

（4）电池能量不足有符号"███"显示，请及时更换电池。长期存放时应及时取出电池，以免电池漏液损坏仪表。

（5）空载时，如有数字显示，属正常现象，不影响测试。

（6）在进行兆欧测试时，如果显示读数不稳定，可能是环境干扰或绝缘材料不稳定造成的，此时将"G"端接到被测对象屏蔽端，即可使读数稳定。

（7）为保证测试安全性和减少干扰，测试线采用硅橡胶材料，请勿随意更换测试线。

绝缘电阻测试仪的使用

（五）示波器的认知

1. 示波器的认知

图 2-16 所示为手持式数字存储示波器，同时具有数字示波器和万用表的功能，并且操作简单、功能明晰，对于初学者而言很容易上手。在维修通信方面故障的过程中，通常使用示波器检测波形来判断通信方面是否存在故障。

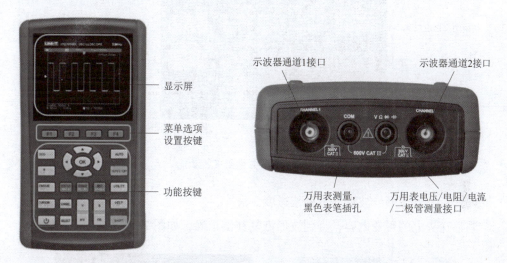

图 2-16　手持式数字存储示波器（正面和顶部）

示波器的主要功能如下：

（1）显示电信号波形：通过示波器的荧光屏，能够以曲线的形式显示电信号的变化，包括振幅、频率、周期等信息。

（2）捕捉瞬态信号：示波器能够捕捉短暂的瞬态信号，如电路中的瞬变和电脉冲等。

（3）测量信号参数：示波器能够对电信号进行测量，包括电压、电流、时间等参数，可以精确地分析电路的性能和故障。

（4）存储和回放波形：示波器可以存储电信号的波形和参数，以供后续的分析和比较；并可回放该波形以显示和检测电路效果的变化。

2. 示波器的使用

（1）示波器的常用按键功能。

在示波器方式下，常用按键功能如图 2-17 所示。

（2）示波器使用检查。

①连接示波器测量线连接至 CH1 通道。

②将探头倍率设定为 10 倍。

③将探头上开关调整 10 倍。

④将测量线探头连接至补偿信号发生器输出口上。

⑤按下 AUTO 按键。

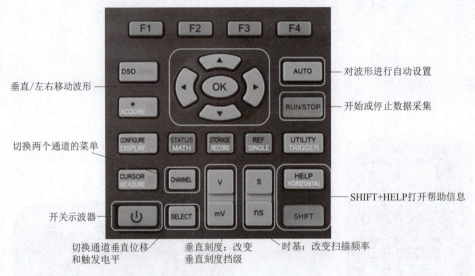

图 2-17　示波器常用按键功能

⑥查看示波器波形，波形显示补偿过度。

⑦调整探头上的可变电容，直到波形恢复补偿正确，如图 2-18 所示。

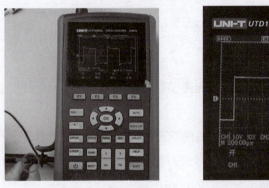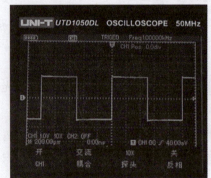

图 2-18　波形恢复补偿正确

（3）用示波器测量 CAN 线波形。

①打开 CH1 通道，调整示波器量程 1 V，示波时基 20 μs，耦合调整为直流。

②测量 CAN-H 线路波形，可以通过 V 与 mV 调节垂直刻度范围，升挡与降挡；S 与 NS 调节示波时基，方向键可以垂直/左右移动波形，如图 2-19 所示。通过检测波形，可以判断通信线路是否存在故障。

③将 CH1 和 CH2 双通道全部启用，可以同时测量 CAN-H 和 CAN-L 波形，此波形上下对称，如图 2-20 所示。

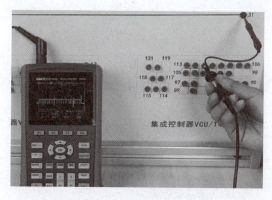

图 2-19　测量 CAN-H 线路波形

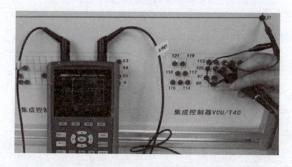

图 2-20　双通道测试 CAN-H 和 CAN-L 波形

示波器的使用

（六）绝缘工具的认知

　　由于新能源汽车上布置了高压部件和高压线路，所以新能源汽车的维护维修与传统燃油车的维护维修不同。为了保护维修人员的安全，在拆装高压部件时，必须使用绝缘工具。典型绝缘工具如图 2-21 所示。

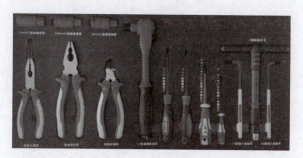

图 2-21　典型绝缘工具

（七）放电工装的认知

　　由于新能源汽车动力电池以及电机控制器带有电容，所以即使整车断电，电容仍然会储存一部分电量。因此需要维护人员使用放电工装对高压端头进行放电，避免带电作业造成触电伤害。放电工装如图 2-22 所示。

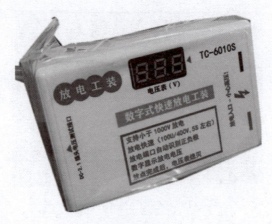

图 2-22　放电工装

(八) 轮胎气压表的认知

1. 轮胎气压表的认知

轮胎气压表是一种调整和检测轮胎气压的工具，主要由表盘、放气阀、气管、充气口、气门连接口等组成。数字式 LED 胎压表如图 2-23 所示。

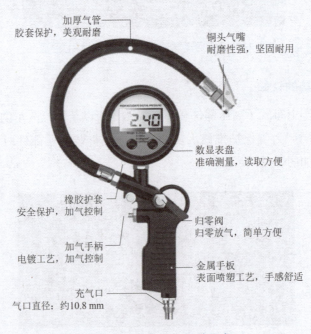

图 2-23　数字式 LED 胎压表

2. 轮胎气压表的使用注意事项

轮胎气压表的具体操作步骤如下：

（1）使用前需要进行轮胎气压表误差的校验。

（2）取下轮胎气门嘴盖，将轮胎气压表的气门连接口垂直用力压入轮胎。

（3）根据车门侧的轮胎气压要求，调节轮胎气压，如图 2-24 所示。

图 2-24 调节轮胎气压

（4）调节完毕后，将轮胎气门嘴盖盖回。

（5）轮胎气压表使用完毕后，按住放气阀门，使轮胎气压表指针归零。

（九）轮胎花纹深度尺的认知

轮胎是汽车构成部件中唯一与地面接触的部位，所以汽车在行驶过程中，轮胎会不断磨损，磨损的轮胎将会降低汽车与地面之间的摩擦力，严重的话可能导致事故的发生，所以轮胎的维护保养对保证汽车正常行驶起着至关重要的作用。技师需要使用轮胎花纹深度尺对轮胎磨损深度进行测量。数显胎纹深度计如图 2-25 所示。

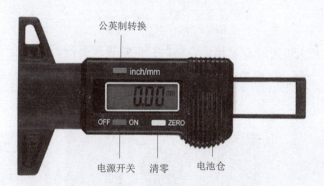

图 2-25 数显胎纹深度计

为了保证车辆行驶安全，规定了车辆轮胎的磨损极限，我国国家标准规定轿车用的子午线轮胎花纹磨损极限为 1.6 mm。当轮胎磨损到指示标志位置时，就说明轮胎已经磨损到了极限，则必须更换轮胎。技师可以使用轮胎花纹深度尺来测量轮胎花纹的深度，以判断轮胎的磨损程度。测量轮胎花纹深度时，需要找准测量位置，如图 2-26 所示。如果胎面有任何一个地方的花纹深度低于 1.6 mm 都要对轮胎进行更换。为了保证车轮行驶性能，建议夏季轮胎花纹深度不低于 3 mm，冬季花纹深度不低于 4 mm。

图 2-26　测量轮胎花纹深度

轮胎的检查与气压调整

1+X 考证技能点

　　温馨提示：要求考生具备高压防护，电路电压、导通检测，故障码数据流读取，检测模块及电子元件波形等技能。这些内容几乎贯穿所有智能新能源汽车项目模块当中。同学们在日常学习过程中，要能够熟练使用绝缘设备、多功能万用表、示波器、故障诊断仪、高压检测工具、接地电阻表、背插针等。

二、新能源汽车维护作业前准备

（一）人员配备

　　新能源汽车维护人员需经专业培训合格后持应急管理部门颁发的电工"特种作业操作证"（见图 2-27）上岗，还应遵守电工安全操作规范。在进行高压系统维护时，至少 2 人或 2 人以上同时操作。

图 2-27　特种作业操作证

（二）人员安全

　　在进行新能源汽车维护作业时，保障在场人员安全是第一位的，特别是对高压系统进行维护时，更应该做好防护。高压系统维护作业人员首先要熟悉高压设备和线路，穿戴高压防护用具（不能佩戴金属饰品），包括绝缘手套、绝缘防护服、绝缘鞋等防护用具，以保证自身安全，如图 2-28 所示。在作业过程中，还需要使用具备绝缘防护功能的工具，如图 2-29 所示。

图 2-28 个人绝缘防护工具

图 2-29 绝缘防护工具

（三）场地准备

在进行维护作业前，要对场地进行一些布置，其具体要求如下：

（1）场地需要保持干燥、通风良好、光线充足，且地面要平整宽敞。

（2）场地周边不得放置大功率电气设备、不得有易燃物品及与工作无关的金属物品，气路、电路要完整安全。

（3）场地工作区域应设置警示隔离区和警示牌，警示牌、标线要清晰，且隔离距离要在正常范围内。

（4）场地工作区域需要有专用的高压防护工位。

（5）场地应配备消防及高压防护应急设备，包括但不限于消防剪、消防沙、消防铲、灭火器、防毒面罩和绝缘棒等。

（6）车辆操作区域的地面要求铺设绝缘垫，为确保安全，要求作业前应使用绝缘测试仪（或万用表）进行绝缘性能检查。

（7）场地要求配备专用工具，而且专用工具的安全防护等级要符合要求，外观、性能要完好，摆放要整洁有序。

（8）无关人员和未经过高压安全培训的人员，不得进入维护作业场地。

（四）物料和工具准备

1. 物料准备

根据维护保养的项目需要，提前配置所需辅料、附件等。

2. 工具设备准备

新能源汽车维护保养所需的设备需要根据维护保养的种类、内容不同提前准备，如个人防护装备、常用工具、查询资料、专用工具和紧急救援装备等。

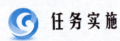 **任务实施**

新能源汽车维护与　　　新能源汽车常见十大错误
保养作业安全规范　　　　操作及危害

一、实训场地和器材

新能源汽车作业工位、绝缘手套、绝缘鞋、绝缘安全帽、护目镜、防静电服、绝缘工具、安全锁、隔离桩、警示牌、绝缘垫、灭火器、车辆挡块、绝缘电阻测试仪。

二、作业准备

1. 作业前准备（场地布置、防护装备穿戴检查、仪器设备检查、汽车防护三件套安装）

（1）设置安全隔离，并放置高压电警示牌，如图 2-30 所示。

（2）检查并穿戴个人防护用品，如图 2-31 所示。

图 2-30　设置高压电警示牌　　　图 2-31　个人防护用品

（3）检查并调校设备仪器，如图 2-32 所示。

（4）检查绝缘工具，如图 2-33 所示。

图 2-32　检查并调校设备仪器　　　图 2-33　检查绝缘工具

（5）实施车辆防护，如图 2-34 所示。

图 2-34　实施车辆防护

三、操作步骤

（1）记录车辆信息，如图 2-35 所示。

（2）连接诊断仪。

（3）踩下制动踏板，按下点火开关，如图 2-36 所示。

图 2-35　汽车铭牌

图 2-36　按下点火开关

（4）诊断电脑与诊断仪建立通信。

（5）打开诊断仪电源，根据车型，进入相应诊断系统。

（6）读取故障码，如图 2-37 所示。

（7）查看数据流，如图 2-38 所示。

图 2-37　读取故障码

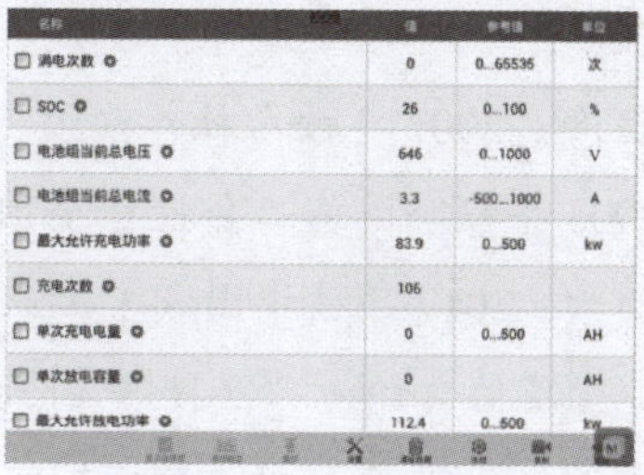

图 2-38　查看数据流

四、竣工检验

整理、回复作业场地。

五、实训任务总结

_____

_____

_____

_____

_____

_____

_____

_____

_____

_____

_____

_____

_____

_____

_____

素养加油站

"大国工匠"李凯军

　　李凯军，一汽集团公司、吉林省高级专家。中国汽车工业工匠，全国劳动模范。2002 年、2007 年被人社部授予"中华技能大奖""中国高技能人才十大楷模"称号；2003 年被全国总工会授予全国五一劳动奖章，2010 年被国务院授予全国劳动模范称号；2017 年被中国汽车工业咨询委员会、中国汽车人才研究会、中国机械工业企业管理协会评为"2016 中国汽车业十大工匠"；2019 年获评"大国工匠年度人物"。

像绝大多数"大国工匠"一样，李凯军也来自技工学校。1989年7月，他从中国一汽技工学校维修钳工专业毕业，直接走进了一汽集团旗下的铸造有限公司铸造模具厂，当了一名模具制造钳工。

　　2000年8月，一汽准备试制75 kg/m变速箱。李凯军作为担纲者承担变速箱上盖模具的制造任务。上盖模具的工艺要求非常高，平面误差必须控制在0.1 mm之内，铸件孔位的误差不能超过0.05 mm；壁厚必须控制在3.5~3.7 mm。这么精细的要求，通常需要6个月的时间去打磨。但为了配合整车的出厂要求，一汽只给了铸造模具厂2个月的时间。按照老章程即使加班加点也赶不出那么多时间。李凯军根据这套模具的特点结合自己的实践经验，先行与设计人员讨论沟通，进行工艺改进。一点点改进还不行，算下来仅这一套模具的改进和革新就不少于8项。经过2个月的紧张忙碌，模具如期完工。

任务评价

　　对照下面的任务工单进行评价。

高压电操作场地的布置、读取动力电池系统数据流任务工单

高压电操作场地的布置、读取动力电池系统数据流		任务工单	班级	
			姓名	
1. 车辆信息				
品牌		整车型号		生产日期	
驱动电机型号		动力电池额定电压		额定功率	
额定容量		车辆识别码		行驶里程	
2. 高压电操作场地布置				
检查并设置隔离桩			□是　□否	
安装警戒带和高压电警示牌			□是　□否	
检查并设置绝缘垫			□是　□否	
安装车辆绝缘翼子板布和格栅垫			□是　□否	
安装车内四件套			□是　□否	
安装后车轮挡块			□是　□否	
检查灭火器有效性			□是　□否	
检查安全锁			□是　□否	

3. 个人高压防护用具检查	
检查绝缘手套	□是　□否
检查绝缘安全帽	□是　□否
检查绝缘鞋	□是　□否
检查绝缘服	□是　□否
检查护目镜	□是　□否
4. 读取动力电池系统数据流	
取电池包实际 SOC 标定值标准值	□是　□否
读取最低单节电池电压标准值	□是　□否
取电池组总电流标准值	□是　□否
取电池组总电压标准值	□是　□否
读取电池组平均温度标准值	□是　□否
读取绝缘电阻标准值	□是　□否
读取最大允许充电功率标准值	□是　□否
读取最大允许放电功率标准值	□是　□否

高压电操作场地的布置、读取动力电池系统数据流评分细则

姓名		班级		学号		总分	
高压电操作场地的布置、读取动力电池系统数据流评分细则							

评分项	评分条件	评分标准	配分	得分	个人评价	生生互评	教师评价
工位 7S 操作	□整理、整顿 □清理、清洁 □素养、节约 □安全	未完成一项扣 2 分	8		□熟练 □不熟练	□熟练 □不熟练	□熟练 □不熟练
高压电操作场地布置	□正确检查并设置隔离桩 □正确安装警戒带和高压电警示牌 □正确检查并设置绝缘垫 □正确安装车辆绝缘翼子板布和格栅垫 □正确安装车内四件套 □正确安装后车轮挡块 □正确检查灭火器有效性 □正确检查安全锁	未完成一项扣 3 分	21		□熟练 □不熟练	□熟练 □不熟练	□熟练 □不熟练

评分项	评分条件	评分标准	配分	得分	个人评价	生生互评	教师评价
个人高压防护用具检查	□正确检查绝缘手套 □正确检查绝缘安全帽 □正确检查绝缘鞋 □正确检查绝缘服 □正确检查护目镜	未完成一项扣3分	15		□熟练 □不熟练	□熟练 □不熟练	□熟练 □不熟练
工具及设备检查使用能力	□作业过程做到工具不落地 □作业过程做到零件不落地 □使用工具前对工具量具进行校准 □使用工具后对工具量具进行清洁 □作业完成后对工具进行复位 □正确断开高压维修开关，并等待5 min以上	未完成一项扣3分	18		□熟练 □不熟练	□熟练 □不熟练	□熟练 □不熟练
读取动力电池系统数据流	□能读取并判断电池包实际SOC标定值标准值 □能读取并判断电池组总电流标准值 □能读取并判断电池组总电压标准值 □能读取并判断电池组平均温度标准值 □能读取并判断绝缘电阻标准值 □能读取并判断最大允许充电功率标准值 □能读取并判断最大允许放电功率标准值 □能读取并判断最低单节电池电压标准值	未完成一项扣4分	28		□熟练 □不熟练	□熟练 □不熟练	□熟练 □不熟练
表单填写与报告的撰写能力	□字迹清晰 □语句通顺 □无错别字 □无涂改 □无抄袭	未完成一项扣2分	10		□熟练 □不熟练	□熟练 □不熟练	□熟练 □不熟练
总分							

任务拓展

一、填空题

1. 常见举升机有_____、_____和_____举升机。

2. 在进行高压系统维护时，至少_____同时操作。

3. 绝缘测试仪又叫_____，是一种用于测试电气设备或线路的绝缘性能的工具。

二、选择题

1. 关于示波器，下列说法正确的是（　　　）。

A. 示波器可测量电压和电流信号　　　　B. 示波器一般有多个通道

C. 示波器能测量波形的周期与幅值　　　D. 示波器不可以同时显示两个波形

2. 关于诊断仪，下列说法不正确的是（　　　）。

A. 故障码可以读取和不可以清除

B. 在清除故障代码后连接蓄电池电缆时，必须在点火开关处于闭合位置时进行

C. 故障诊断仪俗称解码器，是一种多功能的诊断检测仪器

D. 诊断仪是用于检测故障、读取信息或匹配参数的智能设备

3、检测高压电缆的导通性，使用的设备是（　　　）。

A. 绝缘表　　　　　B. 毫欧表　　　　　C. 万用表　　　　　D. 示波器

三、简答题

请简述万用表的检查与使用注意事项。

新能源汽车维护保养高压安全作业规范

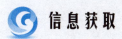 **教学目标**

知识目标

（1）掌握新能源汽车高压事故应急措施。

（2）掌握新能源汽车高压作业安全措施。

（3）熟悉新能源汽车高压电安全操作规范。

（4）理解工作场所安全标识的含义。

技能目标

（1）能够正确识别新能源汽车上的高压部件。

（2）能够及时有效处理新能源汽车高压事故。

（3）能够对安全防护装备进行有效性检测。

（4）能够正确完成新能源汽车高压上下电操作流程。

素质目标

（1）在项目实施过程中具备团队合作、相互沟通、组织管理能力。

（2）培养求真务实、开拓进取的精神。

（3）培养批判性思维和创新意识。

 情景导入

王鹏在一家4S店的维修车间实习，有一辆新能源汽车存在故障，师傅安排他完成下电操作标准流程和上电操作标准流程。他如何才能完成这项任务？

 信息获取

一、高压电防护和高压防护工具的认知使用

（一）新能源汽车高压安全防护设计

2020年5月12日，工业和信息化部组织制定的《GB 18384—2020 电动汽车安全要求》《GB 38032—2020 电动客车安全要求》和《GB 38031—2020 电动汽车用动力蓄电池安全要求》三项强制性国家标准由国家市场监督管理总局、国际标准化管理总局、国家标准化管理委员会批准发布，并于2021年1月1日开始实施。所有新能源厂家必须依照以

上安全规定设计及生产。

相比于传统的内燃机汽车，电动汽车在危险工况或车辆发生故障时，发生危险的不同点在于可能存在高压安全隐患，为了避免高压电气系统带来的危害，新能源汽车采取下列高压安全设计。

(1) 颜色编码和警告标志/警示语；

(2) 防止意外接触带电部件；

(3) 电气隔离；

(4) 监控绝缘电阻；

(5) 高压互锁；

(6) 维护/维修插头；

(7) 安全气囊展开时关闭高压系统。

1. 颜色编码和警告标志/警示语

所有高压电缆和插接件均为橙色部件，当无法确定部件是否带电时，自行假定有高压危险，必须遵守正确的安全预防措施进行操作。高压部件上的警告标签用于保护和警告可能接触车辆上各种高压部件的所有人员。颜色编码与警告标语如图2-39所示。

2. 防止意外接触带电部件

所有高压线缆的针脚及插孔金属部分均低于插接器端子表面，防止操作人员直接接触插接器针脚或插座。部分高压针脚通过金属屏蔽罩进行屏蔽，防止操作人员误接触针脚。防止意外触电插接器如图2-40所示。

图2-39 颜色编码与警告标语　　　　图2-40 防止意外触电插接器

3. 电气隔离

在电动车辆上，低压电系统和高压电系统进行隔离，预防意外情况下高压电通过低压回路，从而损伤车辆低压电气系统或造成触电风险。

4. 绝缘电阻监测

当车辆发生高压电路绝缘失效故障时，高电压和大电流将会危及车上乘客的人身安全，同时还会影响低压电器和车辆控制器的正常工作。出于对电动汽车的可靠性和安全性考虑，针对电动汽车高压系统的绝缘监测和自动诊断功能的设置具有极其重要的意义。监测是为了使车辆能够检测整个高压车载电气系统中的绝缘故障。如果系统监测到高压车载电气系统绝缘电阻值低于设定值，则控制单元会切断高压系统，并直接在仪表显示车辆绝缘故障和点亮绝缘故障指示灯，提醒驾驶员和维修人员注意安全，同时车辆也无法启动。

图 2-41 所示是丰田混合动力车型的绝缘电阻检测电路。电动汽车内置于动力蓄电池 ECU（蓄电池智能单元）的"漏电检测电路"持续监视高压电路和车身搭铁之间的绝缘电阻保持不变。如果绝缘电阻降至低于规定级别，则存储一个 DTC（高压绝缘异常），且利用组合仪表显示（警告灯，如主警告灯亮起）将异常告知驾驶员。

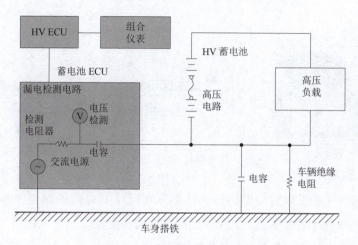

图 2-41　绝缘电阻检测电路

5. 维修安全

新能源汽车的维修安全主要是防止高压触电，因此，维修人员对高电压类型汽车进行操作之前应保证不会有触电风险，为此大多数汽车在系统上设计了维修开关。

（1）维修开关。

图 2-42 所示为新能源汽车的维修开关。当断开维修开关后，动力蓄电池动力立即中断。断开维修开关时应当遵从以下流程：一般断开低压蓄电池，等待 5 min 再断开维修开关，然后进行高压验电，之后进行高压部件的检查。

（2）开盖检查。

高压部件的盖子上设立开盖检查开关（低压，见图 2-43）。在检测开关打开（盖子被打开）时，高压控制系统（整车控制器 VCU、动力电池管理模块 BMS）切断高压电。

图 2-42　维修开关　　　图 2-43　开盖检查开关

6. 高压互锁

高压互锁回路（HVIL）系统是一个 12 V 低压闭合型号回路，有特定的控制模块监控回路输出与返回信号。图 2-44 所示为高压互锁。高压互锁回路与整个高压回路集成在一起，如果断开回路中的任何部件，互锁信号中断，这就意味着电路成为开路状态，高压动力电池组将不再提供高压。

维修插头结构
与工作原理

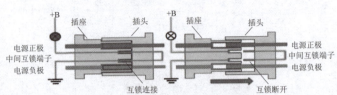

图 2-44　高压互锁

在高压车载电气系统布置导电回路，使整车在高压上电前确保整个高压系统的完整性，让高压处于一个封闭的环境下工作，提高系统的安全性。当导电回路传递的信号中断时，高压蓄电池的接触器就会断开整个高压车载电气系统。

高压互锁状态由动力电池控制模块（BMS）和整车控制器（VCU）监测，当整车在运行过程中高压系统回路断开或者完整性受到破坏时，VCU 或 BMS 发现高压互锁异常后，将立即启动安全防护并切断高压系统。高压互锁电路也可防止在维修高压系统时，带电插拔高压连接器给高压端子造成电弧损坏。

7. 碰撞安全

新能源汽车除了传统汽车的碰撞保护需求之外，还应当满足以下要求：

（1）碰撞过程中避免乘员和行人遭受触电风险；

（2）碰撞过程中在保证人员安全的情况下，尽量保护关键零部件不受损坏；

（3）碰撞后保证维修和救援人员没有触电风险，自动切断输出的高压电路。

1）碰撞控制策略

当车辆检测到碰撞时，如图 2-45 所示，通过气囊模块与整车控制器和动力电池管理单元进行通信，对其发送碰撞指令；电源管理系统收到相应信息后，动力电池断开对动力系统的高压电，同时停止发电机的操作（电动机和 DC/DC 转换器），也会对危险电压范围内的中间电路电容器进行自放电，从而有效避免了危险的进一步发生。

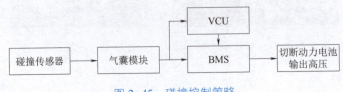

图 2-45　碰撞控制策略

2）惯性开关电路

如图 2-46 所示，有的车型将惯性开关串联到高压接触器的供电回路中，当发生碰撞时惯性开关断开，从而切断高压接触器的供电电源，此时动力电池的高压输出便会被"物理性"断开，从而保护乘员、行人、维修人员和救援人员的安全。

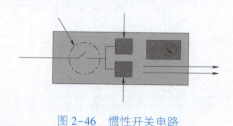

图 2-46 惯性开关电路

8. 电气安全

新能源汽车的电气安全主要包括以下方面：

（1）防止人员接触高压电；

（2）电池能量的合理分配；

（3）充电时的高压安全；

（4）行驶过程中的高压安全；

（5）碰撞时的电气安全；

（6）维修时的电气安全。

1）高压接插件

如图 2-47 所示，高压部件的绝缘接插件既可防止维修人员直接接触高压，还可防水、防尘、减小高压系统绝缘出现问题的风险。

图 2-47 高压接插器

2）高压接触器

高压接触器相当于传统汽车的主继电器，实际上也是一个大功率的继电器，用于控制高压导线正负极导线之间的接通与断开。如图 2-48 所示，高压接触器安装在动力电池外部高压回路之间，通常位于动力电池组总成内部或独立安装在高压控制器盒中。

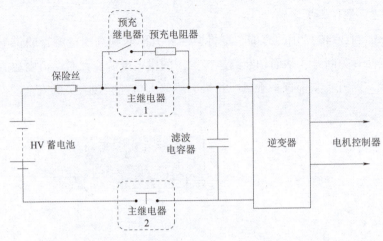

图 2-48　高压接触器电路

3）预充电回路

高压系统中设计了预充电回路，主要由预充电阻构成。在动力电池输出高压电之前，先通过预充电回路对电池外部的高压系统进行预充电。如图 2-49 所示，由于高压部件的高压正、负极之间设计了补偿电容，如果没有预充电阻，那么在高压回路导通瞬间补偿电容将会由于瞬间电流过大而烧毁。

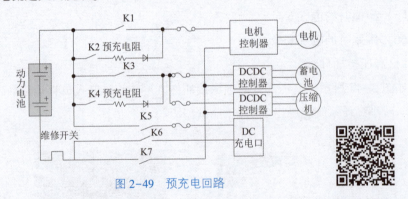

图 2-49　预充电回路

高压蓄电池标准断
电、验电操作流程

（二）高压部件识别

电动汽车高压系统主要由动力电池、驱动电机、高压配电箱（PDU）、电动压缩机、DC/DC、OBC、PTC 等部件组成，如图 2-50 所示。

图 2-50　电动汽车高压系统组成

1. 动力电池

动力电池是电动汽车的储能物体，其作用是通过给动力电池充电，存储电能以驱动整车，如图 2-51 所示。动力电池一般由 BMS（Battery Management System）控制，主要是通过控制单体电压温度来控制单体电压的一致性，从而保证整车电压的稳定性。

图 2-51　动力电池

高压部件的识别

甲醇汽车

吉利是我国最早投入甲醇汽车研发并且实现产业化的车企。经过 18 载的研发，吉利不仅攻克了低温冷启动、耐甲醇材料开发、专用润滑油开发、专用添加剂开发、排放控制、甲醇电喷控制系统等多项关键技术，还掌握了"以捕捉 CO_2 循环制取甲醇"新技术，拥有甲醇汽车整车研发、制造、销售的全链体系能力，也真正从燃料应用全生命周期的角度，践行环保、低碳、绿色理念。吉利甲醇汽车技术已实现全球领先，不仅是新能源汽车甲醇赛道的开拓者，更是全球甲醇汽车技术的引领者。

---

2. 驱动电机与电机控制器（Motor Control Unit，MCU）

电机控制器作为整车"大三电"之一，在整车中也是比较关键的一个零部件。它的作用是通过接收 VCU 控制指令，如转速、扭矩等指令，从而控制整车的低速、高速、前进、后退等动作。图 2-52 所示为帕萨特 PHEV 的三相电流驱动电机 VX54。电驱动装置中使用了一个永久励磁同步电机。该电机安装在 1.4L-110 kW-TSI 发动机和 6 挡双离合器变速箱之间。

图 2-52　驱动电机 VX54

3. 高压配电箱（Power Distributor Unit，PDU）

高压配电箱的作用是确保整车高压用电安全，是整车高压电的一个电源分配装置，类似于低压电路系统中的电器保险盒。在电动汽车上，与高压配电箱相连接的高压部件包括：动力电池、电机控制器、变频器、逆变电源、压缩机、充电座等。常见的高压配电箱设计方式有：配电盒为一独立零部件或高压配电箱与其他零部件集成在一个盒体内，如图2-53所示。

图 2-53　高压配电箱

4. 车载充电器（OBC）

OBC（On Board Charge）的作用是将交流电转为直流电。因为电池包是一个高压直流电源，当使用交流电进行充电的时候，交流电不能直接被电池包进行电量储存。因此需要OBC装置，将高压交流电转为高压直流电，从而给动力电池进行充电，如图2-54所示。

图 2-54　车载充电器

5. DC/DC

DC/DC的作用是将高压直流电转为低压直流电。作为电动汽车动力系统中很重要的一部分，它的一种重要功能是为动力转向系统、空调以及其他辅助设备提供所需的电力；另一种功能出现在复合电源系统中，与超级电容串联，起到调节电源输出、稳定母线电压的作用。DC/DC转换器如图2-55所示。

图 2-55　DC/DC 转换器

6. 电动压缩机

电动压缩机中的电池提供动力，控制器控制电机转速，进而控制制冷量，调节温度。涡旋式压缩机高效率、高转速承受力，决定了其适合与高速电机配合使用，并且通过电控单元调节电机的速度提高空调系统的能效，如图 2-56 所示。

图 2-56 电动压缩机

7. PTC 加热器

PTC（Positive Temperature Coefficient）的作用是制热。当低温的时候，电池包需要一定的热量才能正常工作，这时候需要 PTC 给电池包进行预热。传统车上空调暖风系统的热源是引入发动机冷却后的冷却液的热量，这个在新能源车上是不存在的，因此需要专门的制热装置，这个装置被称为空调 PTC。PTC 加热器包括 PTC 空气加热器和 PTC 液体加热器，如图 2-57 所示。

图 2-57 PTC 加热器

8. 高压线束

高压线束的作用是连接高压系统各个部件，是高压电源传输的媒介。区别于低压线束系统，这些线束均带有高压电，对整车高压系统的稳定性影响很大，如图 2-58 所示。

图 2-58 高压线束

（三）高压防护装备与使用

新能源汽车高压安全防护装备包括高压安全警告标识、隔离带、绝缘手套、护目镜、绝缘安全鞋、绝缘安全帽以及高压绝缘服等。新能源汽车高压防护用品如图 2-59 所示。

1. 高压绝缘手套

高压绝缘手套指在高压电气设备上进行带电作业时，起电气绝缘作用的一种手套。佩戴高压绝缘手套可有效避免电击，避免人身伤害。高压绝缘手套如图 2-60 所示。

图 2-59　新能源汽车高压防护用品　　　　图 2-60　高压绝缘手套

1）高压绝缘手套技术要求

高压绝缘手套的尺寸应与使用者的手部大小匹配，若太松，则会使手套发皱，并影响使用者手部的灵活性。高压绝缘手套按照不同的电压等级和绝缘性能要求进行分类，如表 2-6 和表 2-7 所示。

表 2-6　高压绝缘手套电压等级

选用序号	工作范围	选用绝缘手套标称电压等级/kV	参考 GB/T 17622—2008 国际选用型号	参考 03：1988 标准选用型号	各级别颜色色系
1	低压及 400 V 以下设备	0.5	0	0	红色
2	10 kV 配网及开关站	3	2	1	白色
3	35 kV 及以上线路及变电站	10	4	3	绿色

表 2-7　高压绝缘手套绝缘性能要求

序号	标称电压/kV	验证电压/kV	最低耐受电压/kV	泄漏电流/mA		
				360	410	460
1	0.5	3.0	5	14	16	18
2	3	10	20	14	16	18
3	6	20	30	14	16	18
4	10	30	40	14	16	18

2）高压绝缘手套的检查

高压绝缘手套使用之前必须进行相关性能检查操作。

（1）目视检查。

高压绝缘手套表面必须平滑，内外面无针孔、疵点、裂纹、砂眼、杂质、袖间破损和夹紧痕迹等各种明显缺陷，以及明显的波纹及铸模痕迹。此外，不允许有染料污染痕迹。目视检查方法如图2-61所示。

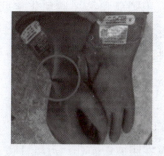

图2-61　高压绝缘手套目视检查方法

（2）充气检查。

①捏紧手套的袖口处以封住空气。

②将手套的袖口紧密地向手套指尖方向卷起，然后捏紧卷起的部分。

③确保手套的手掌区域和指尖区域应空气挤压冲入而鼓起。

④确保手套在鼓起后保持充气压力，不漏气，掰开手指缝间观察，细听有无漏气声；若手套未膨胀鼓起，则定位漏气点。高压绝缘手套充气检查如图2-62所示。

（3）高压绝缘手套绝缘电阻检测。

将装有水的手套放进水槽中，用绝缘电阻表测量水槽与手套内的水之间的绝缘电阻（施加电压500 V），绝缘手套与水之间的电阻应在1 MΩ以上。高压绝缘手套电阻检测如图2-63所示。

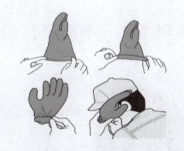

图2-62　高压绝缘手套充气检查　　　　图2-63　高压绝缘手套电阻检测

3）高压绝缘手套的使用规范

使用高压绝缘手套时需要注意以下事项：

（1）高压绝缘手套是高压作业时使用的辅助绝缘安全用具，需要与基本绝缘安全工具配套使用。

（2）若一副高压绝缘手套中的另一只可能不安全，则这副手套不能使用。

（3）高压绝缘手套受潮或发生霉变时禁止使用。

（4）高压绝缘手套的使用温度范围为-25 ℃~55 ℃。

（5）使用高压绝缘手套时应将衣袖口（无绝缘性能，不能保证安全）套入手套袖口内，同时注意防止尖锐物体刺破手套。

（6）高压绝缘手套弄脏时应用肥皂和水（避免化学反应影响绝缘性能）清洗，彻底干燥后涂抹上滑石粉，避免粘连。

（7）在边缘锋利的高压部件附近作业，或搬举、移动某些高电压部件时，技术人员应带上高压绝缘手套。

（8）皮革手套的袖口必须比所保护的高压绝缘手套短。

高压绝缘手套的保养与报废内容如下：

（1）高压绝缘手套必须放置在阴凉干燥处，远离日晒。

（2）高压绝缘手套应垂直悬挂在储存袋中，指尖向上，袖口位于储藏袋底部。

（3）整理抢修车时，应将高压绝缘手套存放在绝缘工具专用的工具箱内。工作完毕后，需将高压绝缘手套整理清洗并及时存放在绝缘工具箱内，严禁长期将高压绝缘手套放置于抢修车中。

（4）使用单位应建立高压绝缘手套使用台账，对定期检验的数据进行校核。

（5）不合格的高压绝缘手套须隔离处理，不得与合格绝缘工具混用。

（6）无论是何原因，高压绝缘手套一旦存在缺损，都应马上丢弃。

（7）丢弃前，应割断手套的手指部分，已确保手套不会被重新使用。

（8）外观检查发现有破损、霉变、针孔、裂纹、砂眼和割伤的高压绝缘手套应报废。

（9）定期（预试）检验不合格的高压绝缘手套应报废，当即剪烂。

（10）出厂年限满五年的高压绝缘手套应报废。

2. 安全帽

安全帽可避免人的头部受坠落物及其他特定因素的伤害，由帽壳、帽衬、下颌带和附件组成。安全帽结构如图 2-64 所示。

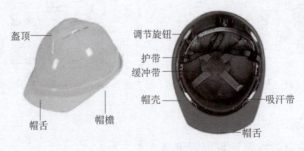

图 2-64 安全帽结构

1）安全帽的检查

安全帽的外观检查包括以下几点：

（1）检查"三证"，即生产许可证、产品合格证和安全鉴定证。

（2）检查标识，检查永久性标识和产品说明是否齐全、准确。

（3）检查产品做工，合格的产品做工较细，不会有毛边，且质地均匀。安全帽外观检查如图 2-65 所示。

图 2-65　安全帽外观检查

2）安全帽的佩戴和使用

安全帽佩戴和使用时有以下注意事项：

（1）戴安全帽前应将帽后调整带按自己的头型调整到合适的位置，然后将下颌弹性带系牢。

（2）不要把安全帽歪戴，也不要把帽檐戴在脑后方。

（3）安全帽的下颌带必须扣在颌下并系牢，松紧要适度。

（4）安全帽顶部除在体内安装帽衬外，还开有通风小孔，使用时不要为透气而随便开孔。

（5）安全帽要定期检查有无龟裂、下凹、裂痕和磨损等情况，发现异常现象要立即更换，不得继续使用。

（6）严禁使用只有下颌带与帽壳连接的安全帽。

（7）技术人员在现场作业中，不得将安全帽脱下，搁置一旁，或者当坐垫使用。

（8）安全帽不宜长时间在阳光下暴晒。

（9）安全帽不符合规定要求的，立即调换。

（10）在室内作业也要戴安全帽。

（11）平时使用安全帽时应保持整洁，不能接触火源，不要任意涂抹油漆，防止丢失。

（12）无安全帽一律不能进入作业现场。安全帽的不恰当操作如图 2-66 所示。

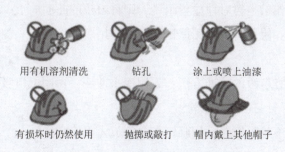

图 2-66　安全帽的不恰当操作

3. 防护眼镜

新能源汽车维修过程中必须佩戴防护眼镜。

1）防护眼镜的作用

防护眼镜如图 2-67 所示，主要具有以下作用：

（1）防固体碎屑，带侧护边型眼镜主要用于防止金属或砂石碎屑等对眼睛的机械损伤。

（2）防化学溶液，护目镜主要用于防止有刺激或腐蚀的溶液对眼睛的化学伤害。

（3）防弧光辐射，从事电焊、气焊、炼钢和吹玻璃作业的工人应戴防弧光辐射眼镜。

图 2-67　防护眼镜

2）防护眼镜的使用

防护眼镜使用时应注意以下事项：

（1）选用经检验机构检验合格的产品。

（2）防护眼镜宽窄和大小要适合使用者脸型。

（3）镜片磨损粗糙、镜架损坏，会影响操作人员的视力，应及时调换。

（4）要专人使用，防止传染眼疾。

（5）按要求更换滤光片和保护片。

（6）防止重摔重压，防止坚硬的物体磨损镜片和面罩。

防护眼镜的保养方法如下：

（1）防止方法：如果是暂时性放置眼镜，则将眼镜的凸面向上。

（2）擦镜片方法：使用清洁专用擦拭镜布，应用手托住镜片一侧的镜框边缘，轻轻擦拭镜片。

（3）镜片灰尘或脏东西的处理方法：先用清水冲洗，再用纸巾吸干水分，最后用专用眼镜布擦干。

（4）存放方法：不戴眼镜时，用眼镜布包好放入眼镜盒。

（5）眼镜变形时的处理方法：建议定期到专业店进行整形调整。

4. 绝缘鞋（靴）

绝缘鞋（靴）的作用是使人体与地面绝缘，防止电流流过人体与大地之间构成通路，对人体造成电击伤害，把触电的可能性降低。

1）安全鞋性能

在实际工作中，符合功能的安全鞋较为多见，如防砸绝缘、防砸防静电、防砸耐酸碱等。绝缘安全鞋如图 2-68 所示。

2）绝缘安全鞋使用注意事项

绝缘安全鞋使用时应注意以下事项：

（1）绝缘安全鞋适宜在交流 50 Hz、1 000 V 以下，或直流 1 500 V 以下的电力设备上工作时，作为安全辅助用具使用。

（2）绝缘安全鞋不能受潮，受潮后严禁使用。鞋底被异物刺穿后，不能作为绝缘安全鞋使用。

（3）注意绝缘安全鞋不宜在雨天穿，更不能水洗。

（4）绝缘安全鞋不能与油类、酸类、碱类及尖锐物体等接触。

（5）彩色绝缘安全鞋（包括白色）在穿着中尤其注意，不能碰到污水、污物、茶渍等。

（6）绝缘安全鞋穿着后出现轻微褶皱、轻微变形等属正常现象。

（7）绝缘安全鞋出现泛盐霜现象时，可用纱布或棉花蘸少量温水擦净，再把鞋放在通风处晾干，最后用鞋油擦拭，反复数次即可恢复原状。

（8）绝缘安全鞋存放时，应保持整洁、干燥，并擦好鞋油，自然平放。

5. 绝缘服（高压防护服）

维修电动汽车高电压系统时，必须穿高压防护服，如图 2-69 所示。高压防护服可防 10 000 V 以下电压，阻燃、耐热、耐压、耐老化，以保护操作人员的工作安全。

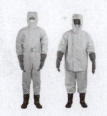

图 2-68　绝缘安全鞋　　　　图 2-69　高压防护服

高压防护服使用规范与保管方法如下：

（1）高压防护服使用前应进行全面检查，发现损坏不得使用。

（2）高压防护服不宜接触明火以及尖锐物体。

（3）高压防护服应保存在通风、透气、干燥、清洁的库房内。

（4）高压防护服水洗后，必须阴处晾干，折叠整齐，放入专门保管袋内。

6. 绝缘垫

绝缘垫如图 2-70 所示。做好绝缘设施检查工作，可以有效防止人员触电，预防安全事故发生。高压维修作业时应重点检查以下几点：

（1）绝缘垫应固定牢靠，无破损、破裂；

（2）充电桩接地线良好，不存在漏电风险；

（3）绝缘工具设备及防护用品无水迹，保持干燥；

（4）定期检查绝缘设施绝缘状态，并做好登记。

检查绝缘垫是否良好，厚度应≤3 mm，绝缘垫应完整无破损、无裂纹，保持干燥干净。

图 2-70　绝缘垫

7. 绝缘工具

绝缘工具如图 2-71 所示，企业中出现过很多高压维修人员未规范操作导致的高压系统短路，造成整车故障、动力电池熔断器损坏，甚至起火，我们在高压维修作业中一定要规范使用绝缘工具并注意以下事项：

图 2-71　绝缘工具

（1）使用时在维修区域垫上绝缘垫；

（2）维修人员操作带电部件时必须使用绝缘工具；

（3）维修动力电池和电控单元时必须使用带绝缘垫的专业工作台；

（4）使用前必须检查绝缘防护用品，保证其无破损、破洞和裂纹，内外表面清洁、干燥，不能带水进行操作，确保安全。

8. 绝缘表

绝缘表如图 2-72 所示，主要用于检查高压系统，绝缘性能的常用仪表，能够快速判断漏电部位和故障部件，因仪器本身会输出 500~1 000 V 电压，不规范操作很容易导致人员触电和被测部件的损坏，使用时需注意以下事项：

图 2-72　绝缘表

（1）使用绝缘表测量前，选择 500 V 挡位"校表"，若测量值为 0 Ω 则正常；

（2）使用绝缘表测量前，检查仪器外观无破损，检测线无损坏和金属导线裸露；

（3）使用绝缘表测量，读取稳定后的数值，通电时间不要超过 30 s；

（4）使用绝缘表时，必须佩戴绝缘手套，做好安全防护措施；

（5）测量绝缘阻值时，固定好绝缘套筒，不能用手触及被测部件；

（6）检测高压部件绝缘时，需断开高压部件的低压控制连接器，防止较高的电压击穿低压控制系统的控制器。

> **课堂讨论**
>
> 　　同学们，在进行新能源汽车维修时，每次都需要对设备和工具进行安全检查，对车辆安全进行防护操作并对工具进行清洁、校准、存放操作。大家是否觉得过程太过机械、严苛？在检查过程中是否可以为了图方便，节省某些步骤？请谈谈你的看法。

二、高压用电安全操作规范

对新能源汽车的非高压部件（如制动系统、悬架系统和车身系统）进行维修时，不需要专业的安全防护措施。但对高压系统中的高压组件进行维修时，就必须采取特殊的防护措施。在维修保护方面，每位售后服务人员都有责任完成以下工作：

（1）必须遵守有关安装和健康防护的说明和规定。

（2）必须使用现有防护装备。

（3）必须按规定使用装备（工具、车辆）。

（4）如果发现装备损坏，则必须自己按专业要求排除；如果不能排除，则必须向上级报告。

（一）健康防护措施

混合动力汽车和纯电动汽车的某些零部件可能有非常强的磁性，如汽车充电桩、车载式汽车充电器、永磁电机等。如果技术人员身上有植入体内的或便携式医疗电子设备，则必须了解该医疗设备可能会有哪些不利影响，确定无危害后再对混合动力汽车和纯电动汽车进行维护，并且在进行维护作业时与某些部件保持足够的距离。

（二）个人防护措施

个人防护用品即在生产过程中为防止物理、化学和生物等有害因素伤害人体而穿戴和配备的各种物品的总称。需要使用个人防护用品的区域均会粘贴指令标志。指令标志是强制人们做出某种动作或采用防范措施的图形标志。

1. 个人安全防护指令标识

个人安全防护指令标识是强制人们做出某种动作或采用防范措施的图形标志。个人安全防护指令标识如图 2-73 所示。

图 2-73　个人安全防护指令标识

2. 特种作业前防护要求

对于特定的诊断或维修作业，技术人员可能需要在暴露的高压零部件附近进行操作。如果导电物体落到暴露的高压电路上，则可能造成危险的短路事故。在对混合动力汽车或纯电动汽车维修之前，如图 2-74 所示，技术人员应取下所有首饰和金属体，如戒指、手表、项链等，并从衬衫和裤子口袋里取出金属物体，例如工具、铅笔等，因为它们可能会滑落造成高压电路短路，发生弧闪事故。

图 2-74　特种作业前防护要求

（1）避免高压触电的防护。

为防止在作业时发生高压触电事故，需要检查并佩戴高压绝缘手套。注意，使用高压绝缘手套时，维修人员必须对手套进行检查、测试后，才能在新能源车辆上进行维修作业。图 2-75 所示为新能源维修技师工作前检测绝缘手套。

图 2-75　绝缘手套的检测

（2）眼部安全防护。

为防止眼部受到撞击和其他危害，维修人员必须佩戴相应标准的护目镜。注意，无论在何种类型的混合动力或纯电动汽车上作业，维修人员都必须佩戴相应标准的带侧护板的护目镜。

（3）头部的安全防护。

防止头部触电的常见安全防护用具是绝缘安全帽，注意，在混合动力或纯电动汽车举升工位下进行作业时，维修人员必须佩戴图 2-76 所示的电绝缘安全帽。

图 2-76　电绝缘安全帽

（4）足部的安全防护。

根据工作或设备的电压选择相应等级的绝缘鞋。注意，无论在任何类型的混合动力或纯电动汽车上作业，技术人员都必须穿相应标准的绝缘鞋。

（5）身体的安全防护。

维修带有高压系统部件的车辆前，需穿戴至少一级防护的阻燃服装，并且操作人员全身不得有金属物品，例如，耳环、手表、项链、皮带搭扣、电话、其他首饰、袖珍螺丝刀、硬币。维修时不穿含有化学纤维的服装，因为此类服装一旦点燃后，化纤材料会熔化，并紧贴在皮肤上，加重人员的烧伤程度。如果必须在高压未解除的条件下进行工作，例如维修电池系统，需要穿戴如图 2-77 所示的身体安全防护装置。

图 2-77　身体安全防护装置

（三）工具防护措施

1. 电解液泄漏防护工具

锂离子电池中的电解液通常是酸性的，接触到人眼或皮肤时应用大量的清水立即进行冲洗。观察到有液体泄漏，应立即用一片石蕊试纸进行测试，石蕊试纸接触到液体后，颜色就会发生变化，由此可确认液体为酸性、中性，还是碱性。pH 值为 7 时为中性，pH 值为 0 时为酸性，pH 值为 14 时碱性最强。电解液检测试纸如图 2-78 所示。

图 2-78　电解液检测试纸

镍氢电池组中的电解液是碱性的，泄漏时，将 800 g 硼酸溶解在 20 L 自来水中，中和所有溢出的高压蓄电池电解液。使用石蕊试纸检查溢出的电解液是否已被中和，如果溢出的电解液仍保持碱性，则试纸会变成蓝色。在溢出的电解液被中和后，使用吸水毛巾和布吸收多余的电解液。

若高压蓄电池的电解液溢到地板上，则维修人员应佩戴胶手套、护目镜及用于有机溶剂的面具，然后将溢出的电解液擦拭干净，并根据法律法规的要求将受到污染的材料放入密封容器中处理。

2. 车辆火灾防护工具

新能源汽车着火时，应使用常规 ABC 干粉灭火器灭火，这种灭火器用于油或电路火灾。如果只是高压蓄电池着火，则推荐使用二氧化碳灭火器，发生大面积火灾时，持续浇水同样可浇灭高压蓄电池火灾。用水量过少是非常危险的，这会加剧高压蓄电池火灾火势。车辆火灾防护工具如图 2-79 所示。

图 2-79 车辆火灾防护工具

3. 维修车间防护

在对新能源汽车进行高压作业时，需要专用的维修工位，并保持清洁、干燥、通风良好。维修工位上必须配有专用工具和防护用品。如果需要打开动力电池组更换电池包，则需要设置安全隔离警告，避免无关人员靠近。动力电池维修车间防护如图 2-80 所示。

图 2-80 动力电池维修车间防护

（四）操作人员行为规范

1. 双人作业

如图 2-81 所示，在高压系统上执行作业时，必须两人共同作业或一个人作业而另外一人监督操作。维修高压车辆上的系统时，确认动力电池断开高压前避免单独作业。佩戴绝缘手套的第二个人是维修高电压车辆时要求的一项额外安全措施。在发生电击时，第二名技师可利用安全钩安全地移开正在维修高压车辆的技师。

2. 单手定则

维修高压系统时尽可能采用单手定则，如图 2-82 所示，单手定则是指在检查高压时只使用一只手，使另一只手垂在一侧或者放在背后，不接触车辆任何部件。利用该方法，即便接触到电源，人体也不能形成电流回路，从而避免人员触电。因为无法确定高压系统已断电或者已确定系统存在高压电，因此执行高压断电程序或者直接在带电的高压电路上执行作业时，遵守单手定则尤为重要。

图 2-81　双人作业

图 2-82　单手定则

（五）维修操作场地规范

准备对高压车辆进行维修时，如图 2-83 所示，确保在车辆周围放置安全栅。该安全栅由警戒栅和警告标志构成，这些工具有助于强调维修高压车辆时所需的安全规范。警戒栅、警告牌和警告标志一般使用在以下情况：

（1）断电程序中；

（2）通电程序中；

（3）对高压系统部件/线束执行维修时；

（4）执行涉及拆解或者拆卸高压部件以接近各种部件维修时；

（5）在高压部件附近进行维修时。

图 2-83　维修操作场地规范

（六）维修安全规范

混合动力及纯电动汽车的整车涉及高压的部分有：整车橙色线束、动力电池包、高压配电箱、车载充电器、驱动电机控制器总成、电加热芯体 PTC 等。为确保维修人员人身安全，避免违规操作引起安全事故，在进行高压电器维修时，应严格按以下要求及规范执行。

1. 安全防护要求

（1）维修人员必须佩戴必要的防护物品，如绝缘手套、防酸碱手套、绝缘鞋、绝缘垫、防护目镜，其耐压等级必须大于 1 000 V。

（2）使用前必须检查绝缘手套是否有破损、破洞或裂纹等，应完好无损，确保安全。

（3）使用前必须检查绝缘手套、绝缘鞋等防护用品，不能带水进行操作，保证内外表面洁净、干燥，确保安全。

（4）绝缘手套、绝缘鞋、绝缘垫定期送当地省、市、县计量机构计量绝缘性能。计量间隔：自产品生产日期开始，每 3 个月 1 次。

（5）绝缘工具定期送当地省、市、县计量机构计量绝缘性能，计量间隔：自产品生产日期开始，每 12 个月 1 次。

（6）维修车辆时，必须设置专职监护人一名，监护人的工作职责为监督维修的全过程。

（7）监督维修人员组成、工具使用、防护用品佩戴、备件安全维护、维修安全警示牌等是否符合要求。

（8）检查紧急维修开关的接通和断开。

（9）负责对维修过程中的安全操作规范进行检查，监护人要在作业流程单上做标记。

（10）监护人要认真负起责任，确保维修过程的安全，避免发生安全责任事故。

（11）监护人及维修人员必须具备国家认可的"特种作业操作证（电工）"与"初级（含）以上电工证"（职业资格证书），严禁无证进行维修操作。

（12）监护人及维修人员必须经过主机厂的培训，并通过考核。

（13）严禁未经培训的人员进行高压部分检修，禁止带有一切侥幸心理的危险操作，避免发生安全事故。

2. 安全维修操作规范

1）高压系统维修作业安全规范

高压系统维修作业有七步安全规范，在高压系统维修过程中要严格遵循高压维修七步安全规范，高压系统维修七步安全规范如下：

（1）切换至无高压状态。

高压系统部件维修必须在系统下电、确认无输出电压后才可操作，高压电系统须按照规范流程下电，下电操作规范流程可见相关维修手册。

（2）防止重新接通。

下电后，为防止高压电系统重新接通，在下电后的高压维修区域或车辆上的醒目位置放置车辆已下电警告标识，手动维修开关要锁在可靠的储物箱内，车辆钥匙要远离车辆保存。

（3）确认无电状态。

下电以后要用两极式电压测试仪在高压线缆插头上检验高压输出电压，确保高压电系统输出电压在安全范围内（一般<60 V）测量的位置选在动力电池输出端。

（4）无电记录。

用高阻抗两极式电压测试仪验证高压电系统输出为安全电压后，要做好测量电压记录，操作人员签字确认。

（5）维修操作。

高压电系统下电完成，并已做好测量电压记录后，方可进行高压系统部件的维修。

（6）重新接通。

高压部件维修结束后，必须进行高压电系统的上电规范操作。

（7）恢复状态记录。

高压系统规范上电后，操作车辆，验证高、低压系统已恢复正常状态。验证结束后，要对高、低压恢复过程进行记录，所有高、低压断开与恢复的记录需要留档保存。

2）高压部件识别

（1）整车橙色线束均为高压线；

（2）动力电池包连至电源管理器的红色采样线束；

（3）所有高压部件基本带有警示标识。

3）检修高压前注意事项

检修高压系统时，电源开关必须处于"OFF"挡（若为智能钥匙，车辆须不在智能钥匙感应范围内，并且车辆处于非充电状态），并拔下紧急维修开关，紧急维修开关拔下后，有专职监护人保管，并确保维修过程中不会有人将其插到高压系统上。注意：断开紧急维修开关只是切断了高压用电设备的电源，并不能切断动力电池包的电源。当需要维修或更换高压配电箱时，应小心拔出连接动力电池包的电缆正、负极高压插接件，使用绝缘胶带包好裸露的桩头（见图2-84），避免触电。

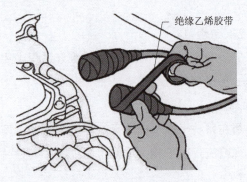

绝缘乙烯胶带

图2-84　包裹高压桩头

（1）断开紧急开关5 min后（使储能电容放完电），应使用万用表测量整车高压回路，确保五点后才可检修高压系统。

（2）拔下紧急维修开关后，测量动力电池正极和车身之间的电压来判断是否漏电，若检测到电压≥50 V，应立即停止操作，按《动力电池包漏电检测作业指导书》检查。

（3）使用万用表测量高压时，需注意选择正确量程，检测用的万用表精度不低于0.5级，要求具有直流电压测量挡位，量程范围≥1 000 V，并遵守"单手操作"原则。

（4）所使用的万用表一根表笔上配备绝缘钳（要求耐压3 kV，过电流能力>5 A），测量时先把测试钳夹到电路的一个端子，然后用另一根表笔接触需测量端子测量读数，每次测量时只能用一只手握住表笔，测量过程中，严禁触摸表笔金属部分。

三、新能源汽车高压事故应急措施

（一）纯电动车中的高压电

纯电动汽车的高压电系统同时具有直流高压电和交流高压电，例如，动力电池中会存在直流高压电，而驱动电机中会存在交流高压电。维修车辆时，必须做好绝缘保护措施，防止触电伤害，依据高压电存在形式有所区分。纯电动汽车高压电存在形式主要有三种，如图 2-85 所示。

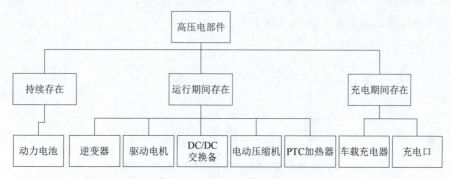

图 2-85　纯电动汽车高压电存在形式

1. 持续存在

如高压动力电池组。

2. 运行期间存在

运行期间存在，指点火开关即车辆处于上电状态（仪表 OK 灯或 READY 灯点亮）时，存在高压电，主要分为以下几种：

（1）只要车辆处于上电状态就存在，涉及部件主要包括新能源汽车的逆变器（如驱动电机控制器）、DC/DC 交换器及与其相连的高压电缆。

（2）虽然车辆处于上电状态，但需要接通功能开关才会存在，涉及部件主要包括电动空调压缩机、PTC 加热器和驱动电机。

3. 充电期间存在

如车载充电器、充电口。

（二）新能源汽车的触电形式

目前混合动力或纯电动汽车电压达到 300~600 V，超过了安全电压，所以一旦发生触电事故，对人体的伤害将十分严重，触电的方式主要有直接触电和间接触电。

1. 直接触电

直接触电是指人体的任何部位直接触及电源相线所形成的触电。此时人体触及的电压为电气系统相对于大地之间的电压或相间电压，危害性最高，后果最严重。常见的是单相触电和两相触电，除了隔离和加强绝缘外，很难进行其他保护，特别是两相触电。

（1）单相触电。

如图 2-86 所示，单向触电是指在地面或其他接地导体上，人体某一部分触及电源的一根相线或与相线相连的带电物体的触电事故。单相触电的危害程度与电源中性点是否接地有关。图 2-86 所示为三相电源中性点接地的单相触电情况，电流从一根相线经过电气设备、人体再经过大地流到中性点，此时加在人体上的电压是相电压。$I_h = U_p/(R_h + R_0 + R_1)$：$I_h$ 为通过人体的电流，U_p 为电源相电压，R_h 为人体电阻，R_0 为供电系统接地电阻，一般电阻为 4~20 Ω，R_1 为人与地面或其接触面的绝缘电阻。可见 R_1 越小，通过人体的电流越大，危害程度也越大；R_1 越大，通过人体的电流越小，也就越安全。因此电工工作时需要穿绝缘胶鞋或站在干燥的木板上。

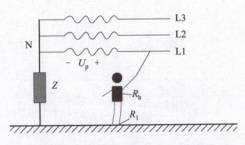

图 2-86　中性点接地的单相触电

图 2-87 所示为三相电源中性点不接地的单相触电情况，立于地面的人体触到任何一相搭电体时，电流经电气设备，通过人体的另外两根相线对地绝缘电阻和分布电容而形成回路。此时，通过人体的电流取决于人体电阻 R_h 与输电线对地绝缘阻抗 Z 的大小。若输电线绝缘良好，输电线不长，对地分布电容 C 不大，则阻抗 Z 较大，对人体的危险性较小；若输电线较长，对地分布电容 C 较大，或输出线绝缘不良，则阻抗 Z 降低，触电电流大，几乎是致命的，加上电弧灼伤，情况更为严重。

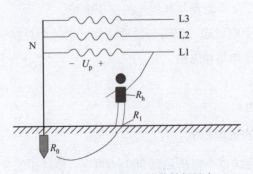

图 2-87　中性点不接地的单相触电

（2）两相触电。

如图 2-88 所示，两相触电是指人体同时触及同一电源系统的两根相线，电流从一根相线经过人体流至另一根相线，若人体触及一相线一零线，则人体承受的电压为 220 V。若人体触及两根相线，则人体承受的电压为 380 V。由于通过人体的电流只取决于人体电阻和与相线接触电阻之和，因而两相触电非常危险，触电者即使穿着绝缘鞋或站在绝缘台上，也起不到保护作用。

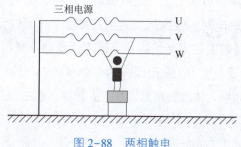

图 2-88　两相触电

如图 2-89 所示，新能源汽车动力电池正负极直接接触，属于直接触电中的两相触电，因此维修人员必须做好必备防护保护。

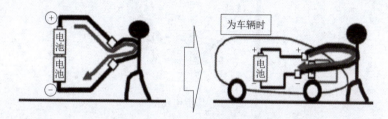

图 2-89　动力电池直接接触触电

2. 间接触电

间接触电如图 2-90 所示，是指人体的任何部位间接触及电源的相线所形成的触电，如电气设备在故障情况下形成的触电。

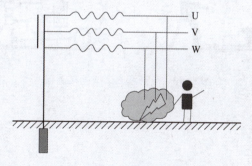

图 2-90　间接触电

（1）金属外壳带电触电。

电气设备因老化绝缘损坏或绝缘被过电压击穿等，致使其设备的金属外壳带电，人体的任何部位触及电气设备的带电体外露部分或与其相连的可导电部分形成触电。

（2）跨步电压触电。

输电电线落地或运行中的电气设备因绝缘损坏漏电时，电流经过接地体向大地做半环形流散，并在落地点或接地体周围地面产生强大电场，当有人走过落地点周围时其两步之间的电位差称为跨步电压。跨步电压的大小与人体接地点的距离、两脚间的跨步、触地电流的大小等因素有关。当跨步电压大于一定数值时，通过人体的电流超过安全值就会造成跨步电压触电。跨步电压触电时，电流从人的一只脚经下身通过另一只脚流入大地形成回路，如图 2-91 所示。电场强度随离断线落地点距离的增加而减小。距断线点 1 m 范围内，约有 60% 的电压降；距断线点 2~10 m 范围内约有 24% 的电压降；距断线点 11~20 m 范围内，约有 8% 的电压降。如果人体双脚距离以 0.8 m 计算，那么 10 kV 的高压线接地点 20 m 以外、80 V 火线接地点 5 m 以外才是安全。如误入危险区域应双脚并拢或单脚跳离危险区域，以免发生跨步电压。

图 2-91　跨步电压触电

如图 2-92 所示，新能源金属车身存在漏电，维修人员触摸金属车身与动力电池形成间接触电，因此维修人员必须做好必备的防护保护。

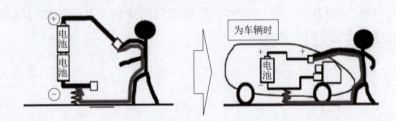

图 2-92　车身漏电造成间接漏电

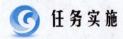 **任务实施**

一、实训场地和器材

　　新能源汽车作业工位、绝缘手套、绝缘鞋、绝缘安全帽、护目镜、绝缘防护服、绝缘工具、安全锁、隔离桩、警示牌、绝缘垫、灭火器、车辆挡块、消防设施、诊断仪、高压检测模块、高压检测适配器、放电工装、挂锁、万用表。

二、作业准备

作业前检查工具是否齐全，并准备好所需工具。选择绝缘工具时要确保绝缘工具有绝缘认证，耐压不能低于 1 000 V，检查是否损坏、绝缘层是否破损，重点检查工具是否干燥和干净，如有水渍和碎屑，及时清洁，以免损坏高压线路及发生人员触电。具体检查步骤参考本项目任务一，这里不再赘述。

三、操作步骤

不同品牌的混合动力车辆高压下电、上电和验电原理基本相似，但是具体操作步骤有所区别，例如德系车辆是通过诊断仪进行操作的，而有的车系不需要通过诊断仪进行操作。

本项任务车型是德系混合动力汽车，高压上下电的操作流程如下：

（1）打开点火开关，不启动车辆。

（2）连接诊断仪，选择"高压断电"模式，根据诊断仪提示操作断电和验电，当提示电压<10 V 时，完成验电。拔下动力电池控制单元保险丝。

（3）拉开高压"保养插头"安装挂锁，防止插头回位。

（4）断开低压蓄电池（有些品牌在使用诊断仪下电时无须断开低压蓄电池），此时完成下电操作。

（5）恢复"保养插头"，安装动力电池控制器单元保险丝。

（6）由监护人确认是否满足上电条件，安装低压蓄电池负极。

（7）启动车辆，使用诊断仪，清除历史故障码，此时完成上电。

1. 高压断电详细操作步骤

操作前，如冷却系统高温，先拔下散热风扇熔断器，根据车型查询维修手册，阅读操作流程和注意事项；打开点火开关，不启动车辆。

（1）如图 2-93 所示，连接诊断仪 VAS 6150，进入引导功能，选择"实现高压断电"进入高压断电模式，根据诊断仪提示，选择"诊断断电"进行操作。

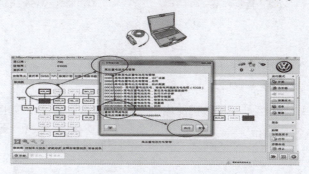

图 2-93　连接诊断仪 VAS 6150

（2）如图 2-94 所示，观察仪表显示，提示"已实现断电"，说明高压系统已完成断电，同时已完成"验电"，如提示"未实现断电"或诊断仪提示故障，请操作诊断仪选择"手动断电"。

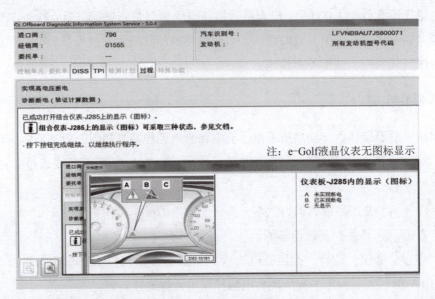

图 2-94　诊断仪操作画面

（3）使用 12 V 蓄电池充电器，对车辆低压蓄电池进行充电，以免蓄电池电量不足导致操作中断。

（4）根据操作内容，如图 2-95 所示，将警示标识：高压危险-VAS6649、高压断电-VAS6650A，展示在相应显著的位置，操作结束前不要回收。

图 2-95　警示标识

（5）诊断仪确认，高压断电完成后，打开室内保险丝盒盖，如图 2-96 所示，拔下动力电池控制单元-CS28，10 A 保险丝。

（6）使用绝缘工具螺丝刀，将前机舱内的"保养插头"断开，如图 2-97 所示，安装挂锁-T40262，以免意外回位。

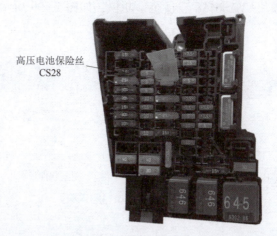

高压电池保险丝 CS28

图 2-96　CS28，10 A 保险丝位置

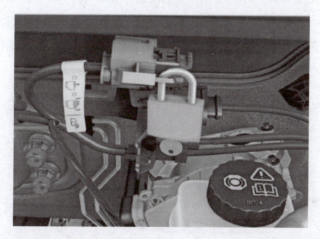

图 2-97　安装挂锁

2. 验电详细操作步骤

（1）关闭点火开关，使用绝缘工具，拆卸低压蓄电池负极，等待 5 min。

（2）穿戴绝缘防护装备，使用绝缘工具，断开高压集成控制器的动力电池高压电缆输入连接器，如图 2-98 所示，将高压适配器-VAS6558/9-4 连接到高压集成控制器动力电池输入端。

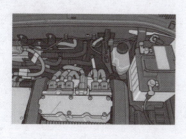　

高压集成控制器　　　　　　　高压适配器-VAS6558/9-4

图 2-98　安装高压适配器

（9）将高压测量模块-VAS6558连接至诊断仪，如图2-99所示，检查固件版本，不一致时进行软件升级。

高压测量模块-VAS6558　　　　　　　　更新软件版本

图2-99　连接高压检测模块

3. 连接高压检测模块

（1）使用高压测量模块-VAS6558，单手操作测量表笔。如图2-100所示，将负表笔连接高压适配器-VAS6558/9-4高压负极测量插口；将正极表笔连接高压适配器-VAS6558/9-4正极测量插口，读取测量数值<10 V时，表明整车高压端放电结束，高压断电完成。

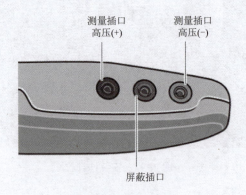

高压适配器-VAS6558/9-4

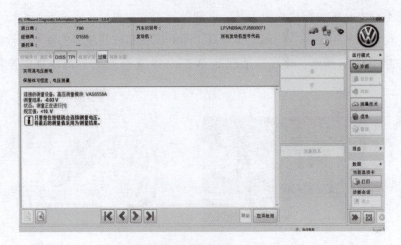

放电操作画面

图2-100　高压放电操作

（2）使用高压测量模块-VAS6558，单手操作测量表笔。将负表笔连接动力电池高压负极端子，将正表笔连接高压正极端子，如图2-101所示，读取测量值<10 V时，表明动力电池端放电结束。

（3）断开低压蓄电池负极，此时高压完成下电。

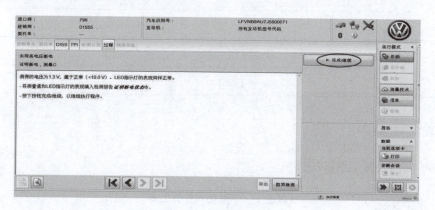

图2-101　高压断电画面

4. 高压上电操作方法

（1）检测、更换或拆装完高压部件后，进行高压上电时，需先经过监护人确认，再进行高压上电操作。

（2）安装保养插头，安装室内保险盒，电池控制单元-CS28，10 A 保险丝。

（3）安装低压蓄电池负极，打开点火开关，启动车辆。

（4）使用诊断仪清除历史故障码，此时完成上电操作。

四、竣工检验

整理、恢复作业场地。

五、实训任务总结

_____

_____

_____

_____

_____

_____

_____

_____

_____

_____

_____

_____

_____

_____

任务评价

对照下面的任务工单进行评价。

高压上、下电操作任务工单

高压上、下电操作			任务工单	班级	
				姓名	
1. 车辆信息					
品牌		整车型号		生产日期	
驱动电机型号		动力电池额定电压		额定功率	
额定容量		车辆识别码		行驶里程	
2. 高压电操作场地布置					
检查并设置隔离桩				□是 □否	
安装警戒带和高压电警示牌				□是 □否	
检查并设置绝缘垫				□是 □否	
安装车辆绝缘翼子板布和格栅垫				□是 □否	
安装车内四件套				□是 □否	
安装后车轮挡快				□是 □否	
检查灭火器的有效性				□是 □否	
检查安全锁				□是 □否	
3. 设备准备					
检查绝缘测试仪				□是 □否	
检查万用表				□是 □否	
检查诊断仪				□是 □否	
检查绝缘垫				□是 □否	

续表

检查放电工装	□是　□否
检查挂锁	□是　□否
检查高压检测模块	□是　□否
检查高压检测适配器	□是　□否
检查绝缘工具	□是　□否
3. 个人高压防护用具检查	
检查绝缘手套	□是　□否
检查绝缘安全帽	□是　□否
检查绝缘鞋	□是　□否
检查绝缘服	□是　□否
检查护目镜	□是　□否
4. 高压下电操作	
打开点火开关	□是　□否
连接诊断仪，进入高压断电模式	□是　□否
观察仪表显示，提示"已实现断电"	□是　□否
拔下动力电池控制单元保险丝	□是　□否
拉开高压保养插头	□是　□否
安装挂锁	□是　□否
5. 高压验电操作	
关闭点火开关	□是　□否
连接高压适配器	□是　□否
连接高压检测模块	□是　□否
确认整车高压端放电结束	□是　□否
确认动力电池端放电结束	□是　□否
断开低压蓄电池负极	□是　□否
6. 高压上电操作	
安装保养插头	□是　□否
安装电池控制单元保险丝	□是　□否
安装低压蓄电池负极	□是　□否
打开点火开关，车辆上电	□是　□否
使用诊断仪清除历史故障码	□是　□否
恢复现场场地	□是　□否

高压上、下电操作评分细则

姓名		班级				学号		总分	
评分项	评分条件		评分标准	配分	得分	个人评价	生生互评	教师评价	
工位 7S 操作	□整理、整顿 □清理、清洁 □素养、节约 □安全		未完成一项扣 1 分	4		□熟练 □不熟练	□熟练 □不熟练	□熟练 □不熟练	
高压电操作场地布置	□正确检查并设置隔离桩 □正确安装警戒带和高压电警示牌 □正确检查并设置绝缘垫 □正确安装车辆绝缘翼子板布和格栅垫 □正确安装车内四件套 □正确安装后车轮挡块 □正确检查灭火器有效性 □正确检查安全锁		未完成一项扣 3 分	21		□熟练 □不熟练	□熟练 □不熟练	□熟练 □不熟练	
个人高压防护用具检查	□正确检查绝缘手套 □正确检查绝缘安全帽 □正确检查绝缘鞋 □正确检查绝缘服 □检查放电工装 □正确检查护目镜 □正确检查高压检测模块 □正确检查高压检测适配器		未完成一项扣 2 分	16		□熟练 □不熟练	□熟练 □不熟练	□熟练 □不熟练	
工具及设备检查使用能力	□作业过程做到工具不落地 □作业过程做到零件不落地 □使用工具前对工具量具进行校准 □使用工具后对工具量具进行清洁 □作业完成后对工具进行复位 □正确断开高压维修开关，并等待 5 min 以上		未完成一项扣 3 分	18		□熟练 □不熟练	□熟练 □不熟练	□熟练 □不熟练	

续表

评分项	评分条件	评分标准	配分	得分	个人评价	生生互评	教师评价
高压下电操作	□能够正确打开点火开关 □能够正确连接诊断仪，进入高压断电模式 □能够正确观察仪表显示，提示"已实现断电" □能够正确拔下动力电池控制单元保险丝 □能够正确拉开高压保养插头 □能够正确安装挂锁	未完成一项扣2分	12		□熟练 □不熟练	□熟练 □不熟练	□熟练 □不熟练
高压验电操作	□能够正确关闭点火开关 □能够正确连接高压适配器 □能够正确连接高压检测模块 □能等正确确认整车高压端放电结束 □能够正确确认动力电池端放电结束 □能够正确安装低压蓄电池负极	未完成一项扣2分	12		□熟练 □不熟练	□熟练 □不熟练	□熟练 □不熟练
高压上电操作	□能够正确安装保养插头 □能够正确安装电池控制单元保险丝 □能够正确安装低压蓄电池负极 □能够正确打开点火开关，车辆上电 □能够正确使用诊断仪清除历史故障码 □能够正确恢复现场场地	未完成一项扣2分	12		□熟练 □不熟练	□熟练 □不熟练	□熟练 □不熟练
表单填写与报告的撰写能力	□字迹清晰 □语句通顺 □无错别字 □无涂改 □无抄袭	未完成一项扣1分	5		□熟练 □不熟练	□熟练 □不熟练	□熟练 □不熟练
总分							

🌀 任务拓展

一、填空题

1. 触电的方式主要有_____和_____。

2. 电动汽车高压系统主要由_____、_____、高压配电箱（PDU）、电动压缩机、DC/DC、OBC、PTC 等部件组成。

3. 纯电动汽车高压电存在形式主要有_____、_____、_____三种。

二、选择题

1. 低压及 440 V 以下用电设备维修时，应选用的绝缘手套颜色为（　　）。

A. 红色　　　　　　B. 白色　　　　　　C. 绿色　　　　　D. 褐色

2. 高压绝缘手套电阻检测时，电阻表测量水槽与手套内的水之间的绝缘电阻（施加电压 500 V），绝缘手套与水之间的电阻应在（　　）MΩ 以上。

A. 0.5　　　　　　B. 0.8　　　　　　C. 1　　　　　　D. 2

3. 在使用绝缘表时，以下操作不正确的是（　　）。

A. 使用绝缘表测量前，选择 1 000 V 挡位，"校表"若测量值为 0 Ω，则正常

B. 使用绝缘表测量，读取稳定后的数值，通电时间不要超过 30 s

C. 使用绝缘表时，必须佩戴绝缘手套，做好安全防护措施

D. 检测高压部件绝缘时，需断开高压部件的低压控制连接器，防止较高的电压击穿低压控制系统的控制器

4. 混动汽车中不属于高压部件的是（　　）。

A. 空调压缩机　　　B. 转向器　　　　　C. 驱动电机　　　D. 动力电池

5. 进行手动高压断电时，以下操作不正确的是（　　）。

A. 关闭点火开关，使用绝缘工具，拆卸低压蓄电池负极，等待 5 min

B. 穿戴绝缘防护装备，展示高压危险警告标识

C. 拆卸动力电池高压电缆

D. 使用万用表，选择直流电压挡，双手操作

三、简答题

1. 请简述新能源汽车主要有哪些高压安全措施。

2. 请简述新能源汽车主要有哪些高压防护工具。

任务一
新车 PDI 检查

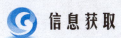 教学目标

知识目标

（1）了解 PDI 的定义、目的及意义。

（2）熟悉 PDI 的检查标准及流程。

技能目标

（1）能按标准检查流程，完成 PDI 检查。

（2）能正确填写 PDI 检查作业表。

素质目标

（1）在操作过程中培养团队合作、项目沟通能力。

（2）培养批判性思维和创新意识。

情景导入

李伟在一家 4S 店的维修车间实习，某天一位购车客户想要观察一下新车交付 PDI 检查，李伟的师傅为了考验他的实习效果，把这个工作委派给他，他如何才能够完成这项任务？

信息获取

一、PDI 的定义、意义及目的

（一）PDI 的定义

PDI 是英文 Pre Delivery Inspection 的缩写，即车辆的售前检查，是汽车在转手时对汽车的配置、状态等进行的检测和确认。由于新车从生产厂家到经销商经过了数千千米的路程，并且停放时间较长，因此 PDI 检查对于向客户保证新车的安全性和原有性能是非常必

要的。PDI 是为提高客户满意度、减少客户抱怨、减少车辆售出发生不必要纠纷的切实举措。

(二) PDI 的意义

1. 提升交车质量的重要保障

当汽车从生产制造厂家运输至经销商时，需要进行交接车的 PDI 检查，这样可以保证车辆在运输过程中因遇到极端恶劣自然条件而造成的汽车损坏得以发现，从而通过技术手段进行修复，确保客户收到的车辆是没有问题的，因此，做好 PDI 检查是提升交车质量的重要保障。

2. 提高用户满意度的重要手段

新车交付给客户之前，处于库存状态，它在存放、挪动或驾驶过程中，有可能产生意想不到的损坏，所以车辆必须做最后一次 PDI 检查，确保车辆无任何问题后才能交付给客户，从而提高客户的满意度，提升汽车品牌形象。

(三) PDI 的目的

新车的 PDI 工作绝大部分由经销商来完成，PDI 工作的好坏将直接影响新车的销售和售后情况。因此，PDI 的目标是追求完美，经过认真和彻底的 PDI 检查后，将达到以下目的：

(1) 对品牌商来说，是提升交车质量、提高用户对产品的满意度与口碑；

(2) 对经销商来说，是降低交付到用户手中车辆存在问题的概率，提高经销商作为汽车销售主体在新车交付过程中保护自身的合法权益；

(3) 对用户来说，是让用户从源头杜绝新车存在的隐患。

二、PDI 的分类

PDI 的检查分为三类，分别为品牌商、经销商以及新车交付的 PDI 检查，本任务着重讲解新车交付的 PDI 检查。

新能源汽车 PDI 检查认知

(一) 品牌商的 PDI 检查

品牌商（即制造厂商）的 PDI 检查是指新车从 OK 线下到入库 PDI 作业，具体流程如图 3-1 所示。

(二) 经销商的 PDI 检查

经销商的 PDI 检查是指新车运输到经销商时的接车 PDI 作业，具体流程如图 3-2 所示。

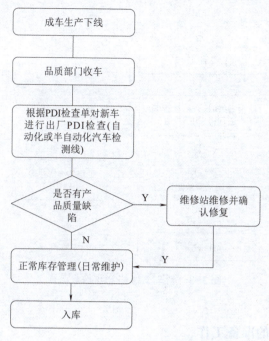

图 3-1 制造厂商的 PDI 检查流程

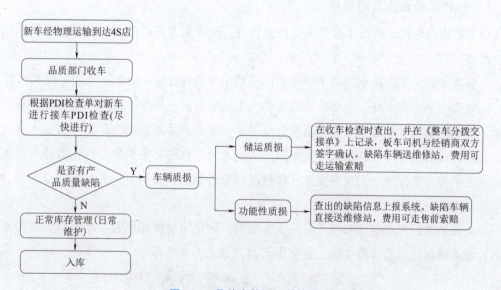

图 3-2 品牌商的 PDI 检查流程

（三）新车交付的 PDI 检查

新车交付的 PDI 检查是指新车销售交客户前，销售人员协同维修技师对车辆进行 PDI 作业，具体流程如图 3-3 所示。

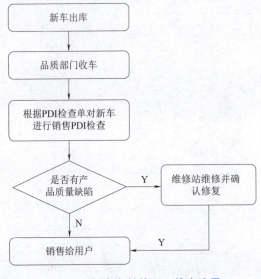

图 3-3　新车交付的 PDI 检查流程

三、PDI 检查前的准备工作

（一）PDI 检查人员的准备

交车前由汽车经销商技术服务人员负责检查，检查前要做好准备，即车辆防护和用电安全准备。

车辆防护是为了保持车辆的干净与整洁，避免在检查过程中可能产生的冲撞和污染。

用电安全主要是人员安全防护。纯电动汽车及混合动力汽车涉及高压电的部分有动力电池、高压配电箱、车载充电器、驱动电机等。安全防护是新能源汽车维修服务人员在作业前必须做好的一个环节，是保障维修服务人员人身安全的必备要素。汽车服务人员正确的安全防护能有效保障个人人身安全、体现品牌服务规范、展示服务人员的职业素养、规避生产安全事故。

为确保新能源汽车维修服务人员的人身安全，避免违规操作引起安全事故，应检查绝缘垫，设立隔离柱，布置警戒线，张贴警示牌，如图 3-4 所示。

图 3-4　车辆安全防护

（二）PDI 检查前车辆准备

PDI 检查前应将车辆停放到维修工位，对车辆进行严格的防护工作。

（1）去掉车身保护膜，认真清洗车辆表面，并用柔软干净的毛巾擦干；

（2）车辆清洗干净后，首先对车辆内饰做防护，防止弄脏内饰或损坏内饰；

（3）铺设汽车维修三件套、脚垫。

（三）PDI 检查前工具准备

在车辆检查前，检查人员应将 PDI 所使用的工具配齐，并放置在专用工具柜中，如图 3-5 所示。

图 3-5　PDI 工具准备

1. PDI 常用设备

PDI 常用设备有举升设备（四柱举升机/剪式举升机）、蓄电池充电机、轮胎充气机、工作灯或电筒等。

2. PDI 所需工具

PDI 所需工具有扭力扳手、紧固工具、万用表、诊断仪、相机、车辆防护设备、高压防护用具、举升机、车轮挡块、警示牌、抹布等。

3. PDI 检查的备用品

PDI 检查的备用品如下：

（1）冷却液、齿轮润滑油、抛光蜡、修整漆及其他相关材料。

（2）办公用品准备，如相机、纸和笔等。

（3）所需资料，如维修手册、用户手册、保养手册及 PDI 检查单。

课堂讨论

同学们，新能源汽车的占有率逐年增高，作为将来的新能源汽车维修人员，你如何看待新能源汽车的 PDI 检查流程？是否过于严苛？为了图方便，在检查过程中是否可以节省掉某些步骤？请谈谈你的看法。

四、PDI 检查流程

车辆马上要交付，为了给客户交付一辆完美的车，从而提高客户满意度，此检查环节需要技术人员100%仔细作业。进行 PDI 检查时，应按 PDI 检查单上的检查序号逐项检查，逐项记录。在每个检查项目结束后，需及时填写 PDI 检查单，避免最后填写产生遗忘，新能源汽车新车交付的 PDI 检查流程如图 3-6 所示。

③车内检查　④电气功能检查　⑧10 km 路试检查
②发动机机舱检查
①车外检查　⑦其他检查
⑤举升车辆底盘检查　⑥高压蓄电池检查

图 3-6　新能源汽车新车交付的 PDI 检查流程

下面以大众 ID.4 车型为例，详细介绍 8 项检查内容。

（一）车外检查

1. VIN 码的检查

检查人员应观察前风挡右下角的仪表台上贴有 VIN 标签的车辆标识，如图 3-7 所示，主要检查车辆合格证、VIN 号、产品标签与车辆出厂检验单是否相符，相符即在新车检查表车辆标识检查单中勾选合格。

图 3-7　VIN 码的检查

2. 外观的检查

检查人员在进行车辆外观检查时，如图 3-8 所示，应绕车一圈，重点检查以下内容：

（1）车辆的外观钣金是否有碰撞、变形；

（2）漆面是否有色差、掉漆、锈蚀等；

（3）钣金部件安装是否无明显阶差；

（4）前后风挡，左右车窗，前后车灯表面有无磕碰、划伤；

（5）车顶装饰条粘贴是否良好无损坏；

（6）车门、机盖、灯具安装各部缝隙是否均匀，过渡有无明显阶差。

图 3-8　车辆外观检查

3. 汽车玻璃的检查

检查人员在进行汽车玻璃检查时，应重点检查以下内容：

（1）环检车辆，观察车门、风挡玻璃压条是否安装到位；

（2）必要时对可疑玻璃进行淋水检查，测试玻璃密封性；

（3）是否有裂纹产生，后风挡玻璃除霜焊接是否牢靠等。

4. 后备厢的检查

检查人员在进行后备厢检查时，应重点检查以下内容：

（1）开启：按压汽车钥匙上的按钮，往上抬起后备厢盖的按钮，如图 3-9 所示；

（2）关闭：抓住内饰板上的把手快速用力向下拉后备厢盖，观察是否有卡滞现象。

图 3-9　后备厢开启检查

5. 车门限位器的检查

（1）检查人员应目视检查限位器相关螺丝是否有松动或丢失，如图 3-10 所示；

（2）检查时应判断是否需要涂抹润滑油。

图 3-10　车门限位器检查

新能源汽车外观检查

（二）发动机机舱检查

1. 管路和插头线束的检查

检查人员应从上往下目视检查：电驱动装置的功率及控制电子系统、加热元件和空调压缩机、管路有无漏液。

直观检查插头线束：当汽车电气系统的某个部分发生故障时，会出现冒烟、火花、异响、焦臭、高温等异常现象。通过人体感觉器官的听、摸、闻、看对汽车线束及电器进行直观检查，进而判断出故障的所在部位。

2. 油液液位和性能的检查

检查机油（混合动力汽车）、助力油、冷却液、制动液、玻璃清洗液，分别拆开各油液罐，观察各种油液的颜色是否正常，有无浑浊、乳化、黏稠等现象，如图 3-11 所示，刻度液位应在 MAX 与 MIN 之间。

图 3-11　油液的检查

3. 机舱盖的检查

检查人员通过开启与关闭机舱盖来完成检查，具体内容如下：

开启：在驾驶员侧脚部空间前舱盖解锁手柄或散热器格栅上方打开前舱盖的拉杆，如图 3-12 所示，看前机舱盖能否顺利开启。

关闭：用力按压前舱盖，前舱盖下落后自动关闭，应检查锁扣是否已被锁定牢固。

图 3-12 前机舱盖拉杆

4. 发动机系统检查（混合动力汽车）

（1）发动机线束插头。

发动机线束插头的检查可参考前机舱线束检查的内容。

（2）发动机标识字母和序列号。

发动机标识字母和序列号位于发动机/变速箱的连接处，如图 3-13 所示。

发动机标识字母和序列号信息也可在正时皮带护罩上的粘纸上进行查阅。

图 3-13 发动机信息标牌

（3）检查楔形皮带。

操作步骤：举升车辆，用套筒扳手旋转发动机的减振器/皮带轮。从下部检查楔形皮带是否有下列问题：

基层裂纹（裂口、中心断裂、截面断裂）。

层裂（表层、加强筋）。

基层爆开。

加强筋散线。

齿面磨损（材料磨蚀、齿面散花、齿面硬化、表面玻化和硬化）。

机油和油脂痕迹。

（4）空气滤清器检查。

检查空气滤清器连接管路，是否有裂纹、破损、变形。

注意：依照维修手册指引拆除空气滤清器壳，检查空气滤清器是否脏污，如果脏污就进行更换。

（5）火花塞的检查。

检查人员依照维修手册指引，拆卸点火线上的螺栓。检查点火线圈集成式火花塞的橡胶护套有无裂纹、裂缝或撕裂；如有破损，更换点火线圈。

（三）车内检查

1. 内饰检查

检查人员打开车门，分别测试开门把手、防盗指示灯、电动车窗升降器、电动儿童安全锁、中央门锁、车外后视镜调节和功能旋钮、前舱盖解锁拨杆、后备厢盖的按钮、储物盒按钮；目视车顶内饰安装是否可靠，有无划伤、脏污、杂物。

新能源汽车机舱
检查及举升检查

2. 电动车窗和天窗的检查

检查人员可以通过按钮操作车门内的电动车窗升降器，进行车窗的检查。

检查人员可以通过按钮操作来打开和关闭天窗，进行天窗的检查。

3. 座椅调节检查

检查人员可以通过座椅的功能按键对座椅进行检查，如图 3-14 所示，对应的按键为：①调整腰部支撑；②调整座椅前后位置、座椅面高度和倾斜角度；③调整座椅靠背倾斜角度。

4. 头枕检查

头枕可按以下步骤进行检查：按住按钮，如图 3-15 所示，同时向上推或下压头枕即可将头枕调整至合适高度，头枕必须在某个位置上牢固卡止。

5. 安全带检查

检查人员应检查安全带的锁扣与插口、高度调节。

6. 安全气囊检查

当点火开关打开时，仪表板上的安全气囊故障指示灯（SRS）亮起，5~10 s 后熄灭，

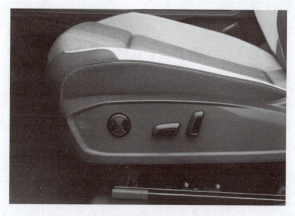

图 3-14 座椅及对应按钮

图 3-15 头枕及对应按钮

表明系统工作正常。

7. 仪表盘指示灯检查

当车辆打开启动开关后,正常情况下,基本所有指示灯与警告灯在 5 s 后熄灭,异常点亮的指示灯或警告灯说明相关系统有故障,常见的指示灯如表 3-1 所示。

表 3-1 常见的指示灯

指示灯	名称或作用	指示灯	名称或作用
← →	左侧或右侧转向信号灯;双闪警告灯		乘客已系上安全带
	请踩下制动踏板		远光灯已打开
READY	行驶准备就绪显示		保养周期指示器

8. 导航仪、收音机检查

通过驾驶辅助系统的按钮可以调出信息娱乐系统中的"驾驶辅助"菜单。驾驶辅助系统的按钮位于信息娱乐系统下方的操作区上。在辅助系统菜单中可以打开和关闭各个驾驶辅助系统并进行个性化设置，可以检查导航仪与倒车影像。

收音机功能是信息娱乐系统功能的一部分，可以通过中控台控制面板来进行电台选取、电台储存、电台扫描，收听电台节目，此外，还可以通过方向盘按键来选择电台并调节音量。

9. 倒车影像、全景影像检查

观察倒车影像、全景影像清晰度及轨迹（红色轨迹、黄色轨迹、绿色轨迹）的显示，如图 3-16 所示。

图 3-16　倒车影像、全景影像

10. 手机互联检查

通过 USB 的有线连接和 Wi-Fi 的无线连接来进行手机互联。以 Wi-Fi 无线连接为例，在中控中点击设置，然后点击 Wi-Fi 和移动热点，在设置车辆作为移动热点中将其打开，之后在手机中打开蓝牙进行互联，互联成功后可以在面板上看到手机上的软件显示于面板上。

11. 方向盘、喇叭检查

检查人员根据以下内容进行方向盘的检查：

（1）坐在驾驶员座椅上时，应上下、前后、左右摇动方向盘，检查其是否松旷；

（2）发动机关闭的情况下，在原地方向盘处于直行位置，向左右两侧转动方向盘，直到有转向阻力的自由间隙，自由间隙角度<5°；

（3）通过转动方向盘时所用手臂的力度、经验判断方向盘轻重。

检查人员按下喇叭听声音来进行喇叭检查。

（四）电气功能检查

1. 灯光检查

检查人员打开开关，分别检查各种灯光（近光灯、远光灯、转向信号灯、雾灯、全天候灯、警示灯、倒车灯、制动灯、驻车示宽灯、尾灯等）的亮度、灯光强度、照度、照明距离、防眩目、色温、耐高温、光老化、持续照明寿命、聚光性、密封性、环境耐久性是否正常。

2. 雨刮器与清洗系统检查

检查人员按照以下步骤完成雨刮器与清洗系统的检查：

（1）打开雨刮器开关，检查雨刮器进行间歇刮水、慢速刮水、快速刮水、点动刮水的情况；

（2）在清洗液足够的情况下，拨动喷水器喷射开关，观察有无清洗液喷出，检查喷嘴是否堵塞；

（3）拨动喷水器喷射开关，观察所喷洒出的清洗液高度，要求高度位于挡风玻璃高度的2/3处为合格；

（4）目视检查喷水器喷洒位置，要求清洗液喷洒区集中在雨刮器的工作范围内。

喷水器联动雨刮器工作状况应良好，工作时平顺，无卡滞现象；当雨刮器开关关闭时，雨刮器自动停止在其停止位置。

3. 信息娱乐系统检查

分别按下收音机、多媒体、导航、蓝牙、移动在线服务、语音系统、车主手册等进入相应的操作页面，检查各项功能的运转情况，如图3-17所示。

图3-17　信息娱乐系统

4. 后视镜

通过按压按钮检查外后视镜的调节、加热等功能，目视检查车内后视镜。

5. 驻车雷达、点烟器检查

驻车雷达分为前雷达和后雷达，按下驻车雷达按钮，它能在汽车停车或掉头时探测车前车后的障碍物，为驾驶员提供必要的障碍物距离、方位、面积等信息，并在接近障碍物时发出警报，以上功能如果一切正常，则代表驻车雷达正常。

按一下点烟器后其自动加热，等 5~8 s 加热完成后会自动弹出，弹出电热丝呈现烧红状态，此时表面点烟器正常。

6. 空调系统检查

检查人员在进行空调系统检查时应按以下步骤进行：

分别操作控制面板上（见图 3-18）的风扇按键、座椅加热按键、AC 按键、最大除雾按键、空气分配按键、后窗除霜按键、空气循环按键、左侧温度调节按键、右侧温度调节按键，判断按键是否正常。

图 3-18　空调操作控制面板

在控制面板上设置相应的 AUTO 按键，当按下 AUTO 按键（自动模式按键）时，电子恒温控制系统能够自动执行空调控制功能，代表对应的 AUTO 按键正常。

（五）举升车辆底盘检查

1. 轮胎检查

（1）检查人员应按以下步骤进行轮胎表面检查：

绕车一圈，检查轮胎表面有无割伤；

目视轮辋及螺栓有无划伤、生锈；

检查翼子板内衬是否齐全。

新能源汽车主要功能检查

（2）检查人员应按以下步骤进行胎压检查：

从轮胎气压规定值标签上查取本车轮胎气压值；

拧下气门嘴防护帽，将气压监测装置装到气门嘴上；

检查轮胎气压时轮胎必须处于冷态，温度升高，气压略高于规定值，但无须降低轮胎气压；

根据汽车负荷和驾驶需要适当调整轮胎气压，可按照轮胎气压标牌；

同时应检查备用车轮的轮胎气压；

重新拧上气门嘴防护帽，如果轮胎充气压力已改变，请重新设置轮胎气压。

2. 车辆底盘螺栓紧固检查

检查人员通过举升车辆，观察底盘螺栓有无明显的松动感，具体如图 3-19 所示。

图 3-19　车辆底盘

3. 车辆底部泄漏检查

（1）目视检查车辆底部下部固定的管路是否有松动、变形、损坏等迹象；

（2）目视检查车辆底部下部管路接头处有无松动、泄漏、损坏等迹象。

4. 制动软管检查

（1）首先，要把踏板向下踩几下，检查制动系统是否有故障，如果有故障，需要调整；

（2）要保证踏板高度符合标准，如果踏板过低，必须调整制动间隙；

（3）要用力踩下踏板 10~15 s 不放松，踏板如有下沉或踏板力减小时，可判定制动管有漏油现象，应查明漏油部位并进行处理，然后对整个制动系统进行排气。

5. 减速器的油位检查（混合动力汽车）

切断减速器的电源，等待减速器冷却，取出油位螺栓，测量油位与螺栓之间的位置，确定润滑油的剩余量；此后，根据需要补充或更换润滑油，并在确认机油已满后安装油位螺栓。

6. 悬架检查

通过目视和上下左右晃动汽车上的控制臂，检查控制臂是否弯曲变形、控制臂内侧胶套是否撕裂、开胶；转向节是否变形、开裂、发生机械干涉等。

（六）高压蓄电池检查

检查与维护高压部件之前应先断开高低压电。断电流程是：

首先关闭点火开关，拔下钥匙；然后拆下低压蓄电池负极，使用绝缘胶带包好，断开整车低压控制电源5~10 min。

然后佩戴绝缘手套，断开蓄电池高压维修开关。

接着将车辆举升到需要的高度，锁上举升机安全锁。

最后拆下蓄电池总正、总负和低压线束插头。

1. 电池箱外围的检查

目视检查内容如下：

（1）检查上盖有无裂痕、磕碰、凹陷、凸起等；

（2）检查下托盘边缘有无变形、开裂，底部有无凹陷变形；

（3）检查下托盘压条螺钉有无松动；

（4）检查高压蓄电池标识是否清晰，有无破损；

（5）检查正负极引出线附近螺栓有无断裂；

（6）检查采样线接口有无破损。

2. 电池性能检查

检查人员通过解码仪读取高压蓄电池的相关数据流，来判断电池的相关性能是否正常。

1+X 考证技能点

温馨提示：中车行2-1模块"新能源汽车动力驱动电机电池技术"中包含高压蓄电池系统功能检测模块，在该模块中考核评价标准之一为电池相关数据流的读取，包括电池组的当前总电压、总电流，电池组压差等。同学们在日常学习的过程中，应对上述内容勤加练习。

（七）其他检查

1. 铭牌与随车资料检查

观察铭牌是否粘贴好；

确认信息、随车资料（导航手册）等是否齐全。

2. 随车工具检查

打开后备厢盖后，将后备厢地板提起，目视（备胎、工具三件套、千斤顶）随车工具是否齐全，如图3-20所示。

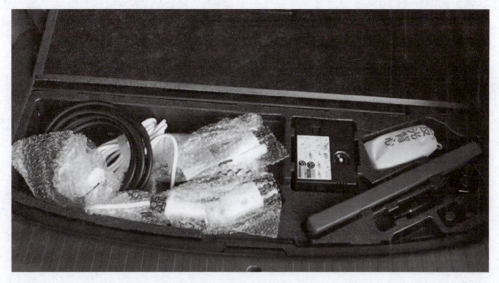

图 3-20　随车工具

3. 充电功能检查

汽车的充电口位置，用于连接慢充桩充电线；当充电口盖板打开时，仪表充电指示灯应常亮，当关闭充电口盖板时仪表充电指示灯应熄灭。如果充电口盖板出现问题，车辆无法正常启动。

检查人员应打开车辆前部充电接口盖板，检查盖板内侧的标签贴纸（箭头方向）是否存在；检查充电插座区域是否损坏、表面是否有污物，必要时进行清洁。

（八）10 km 路试检查

1. 发动机启动、怠速、声音、排气颜色（混合电动汽车）

启动：正常情况下，发动机应在三次内就能成功启动，否则就有问题，跟油路、电路、气路、机械方面都有关系；

怠速：发动机怠速时应该很平稳，发动机的震动也应该很小，不同车辆发动机怠速时的转速也不同；

声音：在正常情况下，发动机的声音是平稳有节奏的，如果发生爆燃声、咯咯声、尖叫声等都是不正常的；

排气颜色：正常的发动机排出的气体都是无色的，像黑烟、蓝烟、白烟，都是不正常的。

2. 挡位检查

拨动测试各个挡位：前进挡、驻车挡、空挡、倒车挡。

3. 电动驻车刹车

踩下刹车踏板，按下控制手柄，然后松开刹车踏板并确认汽车静止；

解除驻车刹车的方法：将遥控钥匙插入点火开关，踩下刹车踏板或离合器踏板，拉起控制手柄。

4. 加速踏板、制动踏板

踩踏加速踏板是否顺畅，踩踏制动踏板是否有明显阻力且高度符合标准。

5. 其他检查

加速能力：深踩加速踏板，观察车辆是否强劲有力，车速提速是否正常；

制动性：将车加速到 20~50 km/h，进行一次紧急制动，检查制动是否有跑偏、甩尾，方向盘是否有晃动，接着试试稍打方向的刹车，尽量不要急刹；

稳定性：观察车辆在行驶中，有无方向跑偏、不正常抖动等情况发生；

方向盘：驾驶车辆时，检查转向系统有无噪声或振动，转向操作有无异常，高速行驶时方向盘有无抖动，直线行驶时车辆有无跑偏；

驾驶辅助系统：定速巡航、车速限制器、自适应巡航、车前测距监控、车道保持、半自动驾驶、变道辅助、泊车和驶出功能等。

上述各项检查完毕后进行完工检查。

确认车辆钥匙、随车资料完备无异常之后：

将资料放回资料袋，资料袋放置于车后备厢内；

车钥匙经检查确认功能和钥匙标牌无异常之后，与 PDI 检查无异常的表单等物传递回质检员处。

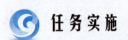 **任务实施**

一、实训场地和器材

新能源汽车整体车况检查

新能源汽车作业工位、绝缘手套、绝缘鞋、绝缘安全帽、护目镜、防静电服、绝缘工具、安全锁、隔离桩、警示牌、绝缘垫、灭火器、车辆挡块、解码仪等。

二、作业准备

作业前准备，包括场地布置、防护装备穿戴检查、仪器设备检查等。保证车辆外观检查的准确性，应在 PDI 检查前对车辆进行清洗。

三、操作步骤

结合实际车型配置，参考 PDI 检查项目表（见表 3-2）进行检查。

车辆检查完毕后，确保车内外全部灯光及电器关闭，车门玻璃及车顶天窗全部关严，车门全部锁好。

表 3-2　PDI 检查项目表

车牌号：＿＿＿＿＿＿＿＿　检查日期：＿＿＿＿＿＿＿＿　车架号码：＿＿＿＿＿＿＿＿

对各项检查结果作如下标记：√＝合格；×＝异常；需要说明具体情况的在横线上填写部位和现象、原因；没有该项目的不填写。

外观与内部检查： **01** □检查铭牌上 VIN 码、电机号与合格证的内容是否相符，与实车是否相符 ＿＿＿＿＿＿＿＿ **02** □内部缺陷 □前/后座椅 □仪表台上下护板 □内部装饰件（包括车内板、顶衬等） □车窗、玻璃 □地毯/脚垫等 ＿＿＿＿＿＿＿＿ **03** □外观缺陷 □油漆 □电镀部件、装饰件、密封条 □雨刮器 □车窗、玻璃等 ＿＿＿＿＿＿＿＿ **04** □随车文件及物品是否完整、齐全，包括：工具、备胎、千斤顶、使用手册、保修手册、随车钥匙（检查钥匙标牌上的钥匙号/认证号胶贴是否完整、清晰） ＿＿＿＿＿＿＿＿ 打开前机舱盖机舱检查： **05** □前机舱盖锁扣、铰链、撑杆等固定情况 ＿＿＿＿＿＿＿＿ 打开前机舱盖机舱检查： **06** □车辆静止状态下测量蓄电池电压 ＿＿＿＿＿＿＿＿ **07** □蓄电池极桩及电缆紧固情况 ＿＿＿＿＿＿＿＿ **08** □主保险及备用件、主地线、搭铁线 ＿＿＿＿＿＿＿＿ **09** □电池包冷却液 □液位偏高/□偏低/ □变质	**10** □电池包冷却液水壶支架及固定情况 ＿＿＿＿＿＿＿＿ **11** □制动液及缺油警告灯（包括 ABS） □液位偏高/□偏低/ □变质 ＿＿＿＿＿＿＿＿ **12** □冷却液位及水质 □液位偏高/□偏低/ □变质 ＿＿＿＿＿＿＿＿ **13** □玻璃清洗液位 □液位偏高/□偏低 □冷却及加热系统（包括散热器、散热器盖、散热器进出水管及卡箍、冷却液蓄水壶及相关进出水管及卡箍等） ＿＿＿＿＿＿＿＿ **14** □制动系统（包括制动总泵、制动液壶、制动管路、ABS 等） ＿＿＿＿＿＿＿＿ **15** □空调系统（包括高低压管路、管路接口、压力开关、加注阀等密封情况） ＿＿＿＿＿＿＿＿ **16** □检查空调系统高、低压压力 ＿＿＿＿＿＿＿＿ 关闭前机舱盖操作与控制检查 **17** □制动器踏板踏板力、高度与自由行程 ＿＿＿＿＿＿＿＿ **18** □油门踏板踏板力、高度与自由行程 ＿＿＿＿＿＿＿＿ **19** □检查室内、室外保险及备用件 ＿＿＿＿＿＿＿＿ KEYLESS 系统检查 **20** □检查智能钥匙外观及电池电量情况	**21** □用智能钥匙控制开、闭锁 ＿＿＿＿＿＿＿＿ **22** □携带智能钥匙接近车辆，检查迎宾灯是否正常 ＿＿＿＿＿＿＿＿ **23** □携带智能钥匙接近车门，用微动开关开启车门 ＿＿＿＿＿＿＿＿ 按下启动按钮切换到 ACC 挡检查： **24** □收音机：接收、外观、干扰情况： ＿＿＿＿＿＿＿＿ □手机映像、USB、AUX、SD 播放情况 ＿＿＿＿＿＿＿＿ 按下，启动按钮切换到 ON 挡： **25** □组合仪表所有警告灯的检查，包括：ABS、手刹、电机、制动故障、SRS 等工作情况 ＿＿＿＿＿＿＿＿ **26** □组合仪表指针所有照明/背光灯的检查，包括：车内照明及指示灯（车内灯自动关闭功能）、杂物箱照明、后备厢照明、仪表和各控制面板、各开关背光灯、近光灯高低调节开关的检查 ＿＿＿＿＿＿＿＿ **27** □背光亮度调节、时钟调节 ＿＿＿＿＿＿＿＿ **28** □检查转向轴锁功能 ＿＿＿＿＿＿＿＿ **29** □检查各挡位与仪表显示是否正常	**30** □风窗刮水、清洗系统的工作 ＿＿＿＿＿＿＿＿ **31** □大灯及远光（远光指示灯、自动大灯） ＿＿＿＿＿＿＿＿ **32** □转向灯（转向指示灯）与自动回位 ＿＿＿＿＿＿＿＿ **33** □危险警告灯、侧灯和牌照灯 ＿＿＿＿＿＿＿＿ **34** □前/后雾灯、制动灯和倒车灯、仪表灯与调光器、点烟器喇叭等 ＿＿＿＿＿＿＿＿ **35** □后窗除雾器与指示灯 ＿＿＿＿＿＿＿＿ **36** □大灯高度调节检查 ＿＿＿＿＿＿＿＿ **37** □电动玻璃升降器、主控制面板、各车门开关、分控开关及自动开关 ＿＿＿＿＿＿＿＿ **38** □驻车辅助系统功能检查：倒车雷达、倒车成像工作情况 ＿＿＿＿＿＿＿＿ **39** □各种挡位下空调系统的性能及运转情况（各功能指示、制冷、送风量、送风模式、内外循环、温度调节） ＿＿＿＿＿＿＿＿ **40** □方向盘转向间隙、自锁功能 ＿＿＿＿＿＿＿＿ **41** □方向盘角度调节 ＿＿＿＿＿＿＿＿ **42** □方向盘多媒体开关控制 ＿＿＿＿＿＿＿＿ **43** □转向功能、方向盘 ……

PDI

对以上项目的正确安装、调试及操作已做过检查，特此证明。

检查员签字：

（盖章）

日期：

四、竣工检验

整理、恢复作业场地。

五、实训任务总结

小组讨论并汇总 PDI 的检查顺序、检查项目及具体内容，并将小组成员做得不到位的地方记录下来。

_____

_____

_____

_____

_____

_____

_____

_____

_____

_____

_____

_____

_____

_____

_____

任务评价

新车 PDI 检查考核评分标准

序号	作业项目	考核内容	配分	评分标准	评分记录	得分
1	安全操作	能按要求完成安全操作	10	1. 能进行设备和工具安全检查；（5分） 2. 能进行车辆安全防护操作（5分）		

续表

序号	作业项目	考核内容	配分	评分标准	评分记录	得分
2	PDI 检查顺序	能按流程进行 PDI 检查	10	能按流程进行 PDI 检查（10 分）		
3	PDI 检查内容	能采用正确步骤进行 PDI 检查	60	1. 车外检查；(5 分) 2. 发动机机舱检查；(5 分) 3. 车内检查；(10 分) 4. 电气功能检查；(10 分) 5. 车轮底盘检查；(10 分) 6. 高压蓄电池检查；(10 分) 7. 其他检查；(5 分) 8. 10 km 路试检查 (5 分)		
4	资料使用及工单填写	能正确使用维修手册并填写工单	10	1. 正确使用维修手册；(5 分) 2. 正确填写工单, 字迹清晰 (5 分)		
5	工具使用及现场 6S 管理	能正确使用工具并按 6S 管理要求进行	10	1. 正确使用工具；(5 分) 2. 现场 6S 管理 (5 分)		
分数总计			100			

🌀 任务拓展

一、填空题

1. PDI 是英文_____的缩写, 即_____, 是汽车在转手时对汽车的配置、状态等进行的检测和确认。

2. PDI 的检查分为三类, 主要有_____、_____和_____。

3. 交车前由汽车经销商技术服务人员负责检查, 检查前要做好准备, 即_____、_____。

二、选择题

1. 下列不属于车外检查项目的是 (　　)。

A. VIN 码检查　　　　B. 汽车玻璃　　　　C. 后备厢　　　　D. 轮胎

2. 检查与维护高压部件之前应先断开高低压电，断开整车低压控制电源（   ）min。

A. 1   B. 3   C. 5   D. 5~10

3. 下列不属于 PDI 检查所需工具的是（   ）。

A. 螺丝刀   B. 扭力扳手   C. 轮胎气压表   D. 举升机

三、简答题

1. 请简述 PDI 检查前的准备工作。

2. 请简述新能源汽车 PDI 检查的工作顺序。

新能源汽车常规维护

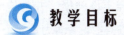 **教学目标**

知识目标

（1）了解新能源汽车的维护方法。

（2）熟悉新能源汽车的维护时间和维护里程。

技能目标

（1）能正确使用新能源汽车维护计划表。

（2）能正确对新能源汽车进行日常维护。

素质目标

（1）在操作过程中培养团队合作、项目沟通能力。

（2）培养批判性思维和创新意识。

情景导入

王博在一家4S店的维修车间实习，某天主管让他完成一辆电动汽车的常规维护工作，并在完成后及时向车主反映情况，以此来考验他的实习效果，他如何才能够完成这项任务？

信息获取

一、新能源汽车维护的概念

（一）新能源汽车维护的概念

新能源汽车维护又称为新能源汽车保养，是指定期对新能源汽车各部分进行以清洁、检查、润滑、紧固、调整和仪表检测为中心内容的作业。

汽车在行驶中，由于受到各种因素的影响，各零部件必然会逐渐产生不同程度的自然松动、磨损和其他机械损伤，如果不及时采取必要的技术措施，汽车的动力性、经济性必然变差，可靠性也随之降低，甚至发生意外事故。汽车维护就是为了减少机件磨损，保证汽车具有良好工作性能，预防故障发生和延长车辆使用寿命而采取的维持性的技术措施。

（二）新能源汽车维护的内涵

虽然新能源汽车和传统汽车驱动方式有些差别，但依然要进行日常维护。两者在维护方面最大的区别就是，传统汽车主要针对的是发动机系统的维护，需要定期更换机油、机油滤清器等，而新能源汽车主要是针对电池组和电机以及高压线束等进行日常的维护。下面从清洁、检查、润滑、紧固、调整和仪表检测六个方面来具体阐述新能源汽车维护的内涵。

1. 清洁

清洁作业的目的是提高新能源汽车维护质量、防止零件腐蚀、减轻零件磨损，并为检查、润滑、紧固、调整、仪表检测做好准备。清洁作业的内容包括清理插座、动力电池、驱动电机、减速器和电机控制器外表面等。

2. 检查

检查作业的目的是检查新能源汽车各零件是否松动或损坏。检查作业的内容包括检查冷却系统、驱动电机系统和制动能量回收系统的运行状况等。

3. 润滑

润滑作业的目的是为新能源汽车补充、更换润滑油，使相关部件处于最佳运行状态。润滑作业的内容包括使用符合车辆维修手册规定的润滑脂进行润滑，按规定补充或更换减速驱动桥、电动压缩机的润滑油。

4. 紧固

紧固作业的目的是保证新能源汽车各零件的连接部位处于正常状态。紧固作业的内容包括动力电池箱、车载充电机和高压配电装置的螺栓等。

5. 调整

调整作业的目的是保证新能源汽车各部分长期处于正常运行状态。调整作业的内容包括润滑油油量、冷却液液位、轮胎气压和动力电池电量等。

6. 仪表检测

仪表检测作业的目的是保证新能源汽车某些部件的电阻、电压等测试数值处于正常状态。仪表检测作业的内容包括使用相关仪表对新能源汽车的轮胎气压、高压系统的绝缘电阻等进行检测。

二、新能源汽车维护的分类及周期

新能源汽车维护一般可分为定期维护和非定期维护两大类。其中，定期维护可分为日常维护、一级维护和二级维护三类；非定期维护可分为走合维护、季节性维护和免拆维护三类。

新能源汽车维护
与保养认知

（一）定期维护

日常维护是指以清洁、检查和调整为中心内容的维护作业。

一级维护是指除日常维护作业外，以润滑、紧固为中心内容，并检查制动、操纵等系统中安全部件的维护作业。

二级维护是指除一级维护作业外，以检查和调整转向系统、制动系统、悬架、驱动电机系统的运行状况和高压控制盒等为主的维护作业。

新能源汽车日常维护、一级维护及二级维护作业项目如表 3-3 所示。

表 3-3　新能源汽车日常维护、一级维护及二级维护作业项目

维护类别	作业项目	执行人
日常维护	充电插座、驱动电机系统、冷却系统、制动系统、车轮、仪表、信号指示装置	驾驶员
一级维护	动力电池系统、制动能量回收系统、高压维修开关、充电插座、高压控制盒、车载充电机、DC/DC 变换器、驱动电机系统、转向系统、空调系统、整车线束、接插件	维修技师
二级维护	动力电池系统、高压维修开关、高压控制盒、车载充电机、DC/DC 变换器、驱动电机系统、转向系统、制动系统、行驶系统、空调系统、整车线束、接插件	维修技师

（二）非定期维护

非定期维护包括走合维护、季节性维护、免拆维护。

走合维护又称首保或磨合期维护，是指新车磨合期内的维护，即新车使用初期，由专业人员按照车辆维修手册对车辆所进行的维护作业。

季节性维护是指为使新能源汽车适应季节变化而保持良好运行状况所实施的维护作业。

免拆维护是指在不解体的情况下，使用专用设备或高压防护用具对冷却系统、润滑系统和制动系统等进行相应的维护作业。

（三）新能源汽车维护的周期

1. 新能源汽车维护周期的定义

新能源汽车维护周期是指新能源汽车根据车辆行驶里程或使用时间进行分类维护的间隔期，是参考新能源汽车制造厂商推进的周期而制订的。新能源汽车维护与保养周期还可以结合新能源汽车自身技术状况和实际使用情况做出适当调整：一般对于技术状况良好的新车，可以适当延长周期；而对于技术状况较差或使用条件恶劣的新能源汽车，则需要适当缩短周期。

2. 新能源汽车维护与保养周期的规定

我国交通运输行业标准《纯电动汽车维护、检测、诊断技术规范》（JT/T 1344—2020）对新能源汽车维护与保养周期的规定如下：

（1）日常维护由驾驶员在出车前、行车中和收车后执行。

（2）一级、二级维护周期应按照车辆维修手册、使用说明书及《汽车维护、检测、

诊断技术规范》（GB/T 18344—2016）的规定，并结合车辆类别、车辆运行状况、行驶里程、道路条件和使用年限等确定。

纯电动车的维护保养相对简单，一般来说，5 000 km 左右进行首保，之后每 10 000 km 维护保养一次，不同车型略有差异，具体的维护周期如表 3-4 所示。而混合动力汽车的保养周期基本和燃油车一样，一般为 5 000~10 000 km 或者半年到一年进行一次常规保养。

新车磨合期使用
注意事项

表 3-4　纯电动汽车维护周期

序号	维护类别	营运电动汽车	非营运电动汽车
1	日常维护	每个营运工作日	
2	一级维护	5 000~10 000 km 或 1 个月	5 000~10 000 km 或 6 个月
3	二级维护	20 000~30 000 km 或 6 个月	20 000~30 000 km 或 1 年

中国制造

调查数据显示，比亚迪 2023 年上半年全球新车销量同比增长 96%，至 125 万辆，销量超过德国梅赛德斯奔驰和德国宝马，进入全球汽车品牌销量前十。这是中国汽车工业 70 年来的历史性时刻，从此以后，中国品牌首次跻身全球汽车品牌销量前十，不仅为中国汽车工业创造了全新的里程碑，而且更突显了比亚迪作为全球唯一专注于新能源汽车生产的品牌的独特地位。

这一成就也证明，在新能源领域，中国新能源汽车核心技术和产业链已经遥遥领先于其他国家，也象征着中国已经在全球范围内成为新能源汽车领域的强国。

二、纯电动汽车的维护

（一）纯电动汽车的维护内容

正常情况下，纯电动汽车的维护项目是动力电池系统、冷却系统、空调系统、制动系统、转向系统等定期检查和维护的项目。针对不同品牌的电动汽车，具体的维护保养项目会有所不同。以大众 ID.4 车型为例，维护内容分为常规维护以及高压部件维护两部分，具体如表 3-5、表 3-6 所示。

表 3-5　常规维护

总成	维护内容
传动系统	变速器（减速器）
	传动轴护套、等速万向节及防尘套
行驶系统	轮胎外观、胎压

总成	维护内容
转向系统	转向横拉杆间隙及防尘套
制动系统	制动液、制动装置
冷却系统	冷却液及冷却管路
电器部件	蓄电池
	机舱各部分线束防护
	机舱各部分插接件状态
	灯光
	雨刮器与清洗装置
	喇叭

表 3-6　高压部件维护

总成	维护内容
高压电池包	外观检查
	数据采集
电驱单元	驱动电机外观
	电机控制器
充电单元	车载充电机
	车载充电口
高压控制器	检查外观、表面清洁

（二）纯电动汽车的维护项目

纯电动汽车是靠电机驱动，维护时主要是对电池组和电机进行日常养护，并保持其清洁。简单归纳就是：清洁、紧固、检查及补充，纯电动汽车具体维护项目有以下 10 项。

1. 高压电池包

（1）外观检查。

目的：检查外观有无磕碰、损坏。

方法：将车辆举升，目测电池包底部有无磕碰、划伤、损坏的现象。

工具：无。

（2）绝缘检查（内部）。

目的：防止电池箱内部短路。

方法：将动力电池高压母线旋变拧开，用绝缘电阻表测总正、总负对地电阻，阻值≥500 Ω/V（1 000 V）。

工具：绝缘电阻表。

（3）底盘连接检查。

目的：防止螺栓松动造成故障。

方法：用扭力扳手紧固固定螺栓。

工具：扭力扳手。

（4）接插件检查。

目的：检查接插件有无异常。

方法：目测电池包高、低压接插件变形、松脱、过热、损坏等情况。

工具：无。

（5）高低压接插件可靠性。

目的：确保接插件正常使用。

方法：检查是否有松动、破损、锈蚀、密封等情况。

工具：绝缘电阻表、万用表。

（6）电池内部温度采集点检查。

目的：确保测温点工作正常，采集点合理。

方法：电脑监控温度与红外热像仪温度对比，检查温度精度。

工具：诊断仪器、红外热像仪。

（7）电池加热系统测试。

目的：确保加热系统工作正常。

方法：电池包接通 12 V，打开诊断仪器，启动加热系统，目测风扇是否正常。

工具：12 V 电源、诊断仪器。

（8）电池包密封检查。

目的：保证电池包密封良好，防止水进入。

方法：目测密封条或更换密封条。

工具：无。

（9）标识检查。

目的：防止脱落。

方法：目测标识，如图 3-21 所示。

工具：无。

2. 电驱单元

（1）驱动电机安全防护。

目的：检查驱动电机外观有无磕碰、损坏。

方法：将车辆举升，目测驱动电机底部有无磕碰、划伤、损坏的情况。

工具：举升机。

（2）外部检查。

目的：清洁电机及电机控制器表面，如图 3-22 所示。

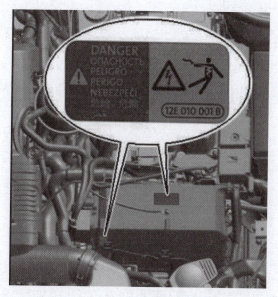

图 3-21　电池包高压警示标识

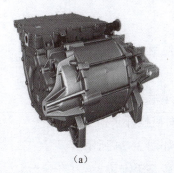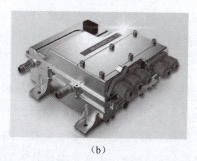

（a）　　　　　　　　　　　　（b）

图 3-22　电驱单元外部检查

（a）驱动电机；（b）电机控制器

方法：用空气压缩机压缩空气吹驱动电机及电机控制器，禁止使用潮湿的布和高压水枪进行清洁。

（3）绝缘检查。

目的：防止驱动电机内部短路。

方法：将驱动电机 U/V/W 导线的插接件拧开，用绝缘电阻表检测，阻值≥500 Ω/V（1 000 V）。

工具：绝缘电阻表。

（4）电机和控制器冷却检查。

目的：检查电机与电机控制器冷却液循环制冷效果。

方法：捏紧冷却管使其水道内部阻力增大，使冷却液泵转速变小，声音发生变化，如无声音变化，则水道内冷却液没有循环，需放气。

工具：卡环钳子、螺丝刀。

3. 充电单元

检查充电线外观及插头是否有破损、裂痕，同时进行充电是否导通；检查充电口盖能否正常开启或关闭，检查充电口外观、充电口端口能否正常使用，如图 3-23 所示。当充电口盖板打开时，仪表充电指示灯应常亮，当关闭充电口盖时，仪表充电指示灯应熄灭。

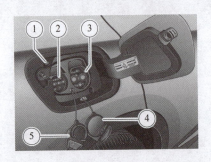

图 3-23　充电口

①—充电状态指示灯；②—交流电充电端口；③—直流电充电端口；

④—直流充电口保护盖；⑤—交流充电口保护盖

4. 高压控制器

检查高压控制器外观、充电口端口能否正常使用、管路连接是否可靠。

5. 转向系统

（1）转向横拉杆球头间隙，紧固程度及防尘套状态。

举升车辆（车轮悬空），通过摆动车轮和转向横拉杆来检查间隙。

检查转向横拉杆球头的固定螺母是否牢固，如图 3-24 所示。

检查转向横拉杆的防尘套有无损坏及安装位置是否准确。

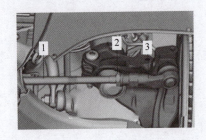

图 3-24　转向系统组件

①—转向横拉杆；②—固定螺母；③—转向横拉杆球头

（2）转向助力功能。

在道路试车过程中，通过原地转向、低速行驶中转向，检测转向时方向是否有沉重、助力效果不足等故障。

将转向盘分别向左、右打至极限位置，检测是否有转向盘抖动、转向机异响等故障。

6. 制动系统

（1）驻车制动器。在斜坡将驻车制动器操纵杆拉到整个行程 70% 时，或驻车制动器棘轮齿数 6~7 齿时测试是否溜车，是则调整驻车制动器。

（2）制动装置。检查制动液是否泄漏。

（3）制动液。每隔 2 年或者行驶 4 万 km 更换制动液，选取合适标号的制动液；检查制动液液位，必须在 MAX 和 MIN 刻度线之间，如图 3-25 所示。

图 3-25　制动液液位

（4）制动真空泵、真空罐、控制器。

车辆停稳后，打开钥匙开关，完全踩下制动踏板，踩踏三次真空泵应正常启动，大约 10 s 后真空度达到设定值时真空泵应停止运转。

在制动真空泵工作时检查连接软管。检测重点部位有无磨损、漏气现象；检查制动真空泵与软管连接处，制动真空罐与软管连接处。

（5）前后制动摩擦片。检查前后制动摩擦片并视情况更换。

7. 冷却系统

（1）冷却液液位及冰点。液位应在 "FULL" 和 "LOW" 标记线之间；2 年或 4 万 km 使用冰点测试仪检测冷却液冰点，冰点低于−35 ℃应更换新的冷却液。

（2）冷却管路。检查冷却系统管路及各零部件接口处有无泄漏情况。

（3）冷却液泵。检查冷却液泵接口是否有渗漏痕迹，是否有异响、停转现象。

（4）散热水箱。驱动电机及控制器冷却后，在散热器后部（电机侧）使用压缩空气冲走散热器或空调冷凝器的碎屑，严禁使用水枪对散热器散热片喷施清洗。

8. 传动系统

（1）检查变速器连接螺栓并紧固，半轴油封有无渗漏，每隔一年或行驶 2 万 km 更换变速器润滑油。

（2）检查等速万向节及防尘套有无破损。

9. 电器部件

（1）机舱及各部位低压线束防护及固定。检查前机舱线束各连接导线有无破损、碰擦干涉，连接是否良好，线束是否在原位固定。

（2）机舱及各部位插接件状态。检查前机舱线束各连接导线插接件是否有松动、破损、锈蚀、烧熔等情况。

（3）机舱及底盘高压线束防护及固定。检查前机舱、底盘各橘黄色线束各连接导线有无破损、碰擦干涉，连接是否良好，线束是否在原位固定。

（4）机舱及底盘各高、低压电器固定及插接件连接状态。检查前机舱、底盘端子接线是否牢固、无松动，控制线束接插件和旋变接插件连接是否牢靠，集成横梁上部件是否搭铁连接牢靠、无松动。

（5）蓄电池。使用手持式蓄电池检测表测量，启动电压 ≥ 12.5 V 为正常，正负极柱无松动。

（6）灯光信号。检查前照灯、尾灯。

10. 行驶系统

（1）轮胎。检查轮胎胎面和侧面是否有损坏和异物，轮胎是否有滚动面异常磨损、毛刺等；检查花纹深度是否达到极限；检查胎压是否正常。

（2）轮毂。检查轮毂有无划痕、磕碰。视情况做一次动平衡。

三、混合动力汽车的维护

混合动力汽车由于车辆仍然有发动机，因此，在日常的维护要求上，与传统汽车的区别并不大。混合动力汽车的定期维护包括两部分，第一部分就是传统汽车的维护，包括发动机的油液、胎压、灯光等的维护和保养。第二部分就是高压系统的维护，高压系统包括车辆的动力电池里面电池是否老化测试，以及高压线缆的绝缘性能是否下降等。因此，混合动力汽车的定期维护作业内容可借鉴纯电动汽车的首保和定期保养以及混合动力汽车的首保作业内容，再针对具体车型的维修手册进行维护。

表 3-7 所示为典型混合动力汽车的维护计划（I—检查，R—更换）。

素养加油站

"追风者" 王建清

王建清，他是东风商用车有限公司总装配厂调检一车间的一名汽车装调工、"王涛班"班长。同时，他也是 2014 年全国"五一劳动奖章"获得者，还被评为2016 年中国汽车业"十大工匠"。30 年的重复劳动，王建清从一名普通的汽车调整工，成长为东风汽车生产制造最后一道"质量把关者"，被人称为"汽车故障诊断全科医生"。

一次，团队成员发现某车型底盘部件存在运动干涉质量风险，但关联部件处于车身底部，很难进行动态观察。王建清当即成立攻关小组，带着大家下地沟，钻到车底观察研究零部件情况。正是因为这样一次又一次的迎难而上，王建清带领团队完成了从"工厂质量把关人"到"客户体验把关人"的身份转变。

表3-7 典型混合动力汽车的维护计划

维护项目		×1000 km	3.5	11	18.5	26	33.5	41	48.5	56	63.5	71	78.5	86
		月数	6(首保)		30		54		78		102		126	
发动机及变速器														
1. 检查皮带有无裂纹、飞屑、磨损状况并调整其张紧度			I	I	I	I	I	I	I	I	R	I	I	I
2. 检查整车点火回路及供电回路			I	I	I	I	I	I	I	I	I	I	I	I
3. 检查更换火花塞	一般使用条件		首次18 500 km更换，之后每隔22 500 km更换一次											
	严酷使用条件		检查并视情况提前更换											
4. 检查曲轴箱通风系统(PCV阀和通风软管)			I	I	I	I	I	I	I	I	I	I	I	I
5. 检查冷却液软管有无损伤，并确认接管部是否锁紧			I	I	I	I	I	I	I	I	I	I	I	I
6. 检查副水箱内发动机防冻液液面高度			I	I	I	I	I	I	I	I	I	I	I	I
7. 加注汽油清净剂			定期维护时加注											
8. 更换发动机防冻液及驱动电动防冻液			采用有机酸型防冻液，每4年或行驶 10×10^4 km更换一次											
9. 更换空气滤清器滤芯	一般使用条件		首次18 500 km更换，之后每隔22 500 km更换一次，定期维护时清洁											
	严酷使用条件		检查并视情况提前更换											

续表

HEV 里程数或月数，以先到者为准

维护项目	×1 000 km	3.5	11	18.5	26	33.5	41	48.5	56	63.5	71	78.5	86
	月数	6(首保)		30		54		78		102		126	
10. 更换机油　一般使用条件		R	R	R	R	R	R	R	R	R	R	R	R
严酷使用条件		R：每隔 5 000 km											
11. 更换机油滤清器		每次更换机油时更换											
12. 检查发动机总速		I		I		I		I		I		I	
13. 检查排气管接头是否漏气		I		I		I		I		I		I	
14. 检查氧传感器		I		I		I		I		I		I	
15. 检查三元催化器		I		I		I		I		I		I	
16. 更换燃油滤清器				R		R		R		R		R	
17. 检查加油口盖、燃油管和接头		I				I				I			
18. 检查活性碳罐		I		I		I		I		I		I	
19. 检查更换自动变速器内的齿轮油、前变速器齿轮油滤清器及总成齿轮油　一般使用条件		首次 56 000 km 更换，之后每 60 000 km 检查油品，必要时更换											
严酷使用条件		视需要缩短周期											
20. 检查前机舱盖	每年	I		I		I		I		I		I	
21. 检查紧固底盘固定螺栓		I	I	I	I	I	I	I	I	I	I	I	I
22. 检查制动踏板和电子驻车开关		I	I	I	I	I	I	I	I	I	I	I	I

续表

维护项目	HEV 里程数月数,以先到者为准											
×1 000 km	3.5	11	18.5	26	33.5	41	48.5	56	63.5	71	78.5	86
月数	6(首保)		30		54		78		102		126	
23. 检查制动摩擦块和制动盘	I	I	I	I	I	I	I	I	I	I	I	I
24. 更换制动液	首次 18 个月更换,之后每 24 个月更换一次,例行维护检查											
25. 检查制动系统管路和软管	I		I		I		I		I		I	
26. 检查转向盘、拉杆	I		I		I		I		I		I	
27. 检查传动轴防尘罩	I		I		I		I		I		I	
28. 检查球销和防尘罩	I		I		I		I		I		I	
29. 检查前后悬架装置	I		I		I		I		I		I	
30. 检查轮胎充气压力	I	I	I	I	I	I	I	I	I	I	I	I
31. 检查前轮定位、后轮定位	I	I	I	I	I	I	I	I	I	I	I	I
32. 检查车轮轴承有无游隙	I		I		I		I		I		I	
33. 检查冷气或暖气系统	I		I		I		I		I		I	
34. 检查空调空气过滤器	I	I	I	I	I	I	I	I	I	I	I	I
35. 检查空调装置的制冷剂	I		I		I		I		I		I	
36. 检查空气气囊系统	I		I		I		I		I		I	
37. 检查车身损坏情况	每年											

🌀 任务实施

一、实训场地和器材

防护装备：常规实训装备。

实训车辆：大众 ID.4。

专用工具、设备：汽车举升机、润滑油加注器。

手工工具：组合工具、机油滤清器拆装扳手。

辅助材料：干抹布、润滑脂、防冻液、润滑油。

二、作业准备

作业前准备，包括场地布置、防护装备穿戴检查、仪器设备检查等。

三、操作步骤

1. 结合实际车型配置，参考以下步骤完成大众 ID.4 变速器润滑油的检查。

确认车辆是否处于水平状态，以检查油位。

检查变速器是否有漏油痕迹，如有，应分析漏油原因，修理漏油部位。

拆下油位螺塞，检查油位。如润滑油与油位螺塞孔齐平，则说明油位正常。否则，应补加规定润滑油，直到油位螺塞孔出油为止。

2. 维护保养时，润滑油的更换方法如下：

在换油前，必须停车断电，水平提升车辆。

在升起车辆的状态下，检查油位以及是否漏油，如有漏油，应处理。

拆下放油螺塞，排放废油。

给放油螺塞涂少量密封胶并按规定力矩拧紧。

四、竣工检验

整理、恢复作业场地。

五、实训任务总结

小组讨论并汇总变速器润滑油的检查项目及具体内容，并将小组成员做得不到位的地方记录下来。

_____

_____

_____

_____

_____

_____

_____

_____

_____

_____

_____

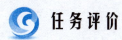

变速器润滑油的检查与更换

序号	作业项目	考核内容	配分	评分标准	评分记录	得分
1	安全操作	能按要求完成安全操作	10	1. 能进行设备和工具安全检查；（5分） 2. 能进行车辆安全防护操作（5分）		
2	设备使用	能正确使用设备	10	1. 能正确使用举升机；（5分） 2. 能正确使用润滑油加注器（5分）		
3	润滑油的检查与更换	能采用正确步骤进行检查与更换	60	1. 能正确确认油位螺塞；（10分） 2. 能正确选择拆下油位螺塞的工具；（10分） 3. 能正确加注润滑油；（10分） 4. 能选择正确型号的润滑油；（10分） 5. 能正确进行废油处理；（10分） 6. 能正确检查有无泄漏（10分）		
4	资料使用及工单填写	能正确使用维修手册并填写工单	10	1. 正确使用维修手册；（5分） 2. 正确填写工单，字迹清晰（5分）		

序号	作业项目	考核内容	配分	评分标准	评分记录	得分
5	工具使用及现场 6S 管理	能正确使用工具并按 6S 管理要求进行	10	1. 正确使用工具；（5分） 2. 现场 6S 管理（5分）		
	分数总计		100			

任务拓展

一、填空题

1. 新能源汽车维护一般可分为_____和_____。

2. 定期维护可分为_____、_____和_____。

3. 非定期维护可分为_____、_____和_____。

二、选择题

1. 下列不属于日常维护项目的是（   ）。

A．动力电池系统　　　B. 冷却系统　　　　　C. 车轮　　　　　　D. 仪表

2. 大众 ID4 的维护项目包括（   ）。

A．驻车制动器　　　　　　　　　　B. 液压制动装置和制动液

C. 制动真空系统　　　　　　　　　D. 以上都是

3. 纯电动汽车冷却系统的维护项目包括（   ）。

A．冷却管路　　　　　B. 散热水箱　　　　　C. 冷却液泵　　　D. 以上都是

三、简答题

1. 请简述新能源汽车维护的内涵。

2. 请简述纯电动汽车的维护内容。

任务一

新能源汽车高压系统维护

 教 学 目 标

知识目标

（1）掌握动力蓄电池系统的基本检查方法。

（2）掌握驱动电机系统的基本检查方法。

（3）掌握充电系统的基本检查方法。

技能目标

（1）能够对动力蓄电池系统进行基本的检查。

（2）能够对驱动电机系统进行基本的检查。

（3）能够对充电系统进行基本的检查。

素质目标

（1）在操作过程中互相学习，培养团队合作精神，主动探索新鲜事物。

（2）通过对汽车高压系统的探索，从认知到掌握，提高自己的知识水平和操作能力。

情 景 导 入

一位新能源汽车车主将车辆开到维修站，反映该车已到维护期，想对整车的高压系统进行维护。

信 息 获 取

一、动力电池安装位置

动力蓄电池总成安装在汽车底盘位置，使整车重量分布均衡，重心降低。动力蓄电池位置如图4-1所示。

167

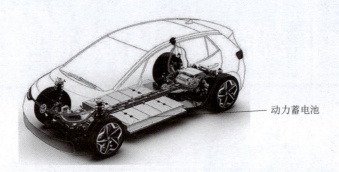

图 4-1　动力蓄电池位置

二、驱动电机及控制系统位置

（1）大众 ID.3 是后置后驱的布置，这个就是电机和传动系统，空间很紧凑，准确来说是布置在后排座椅下方。驱动电机位置如图 4-2 所示。

图 4-2　驱动电机位置

（2）电机控制系统位于车辆前机舱内，如图 4-3 所示。

图 4-3　电机控制器位置

三、充电口位置

充电口有快充口和慢充口。

快、慢充口位于车辆左后侧围处，如图4-4所示。

图4-4　快、慢充电口位置

四、动力蓄电池系统基本检查

（一）准备工作

1. 个人防护

电动汽车使用高压电路，在检修前必须做好以下个人防护措施：

（1）佩戴绝缘手套。

（2）穿防护鞋、工作服等。

（3）手腕、身上不能佩戴金属物件，如金银手链、戒指、手表、项链等物品。

2. 车辆防护

在检查维护前必须做好以下车辆防护措施：车轮挡块、车内四件套、车外三件套等。

3. 专用工具的准备

（1）检修仪器，有些电动车配备了专门的检修仪器，如丰田Prius配备了智能测试仪。

（2）常用仪表，如电压表、欧姆表、绝缘测试仪等。

（3）专用工具，如螺丝刀、扳手等，这些常用工具必须有绝缘措施。

（4）常用物料，如绝缘胶带、扎带等。

（二）技术要求与注意事项

电动汽车系统使用高压电路，不正确的操作可能导致电击或漏电。所以，在检修过程中卸零件、检查、更换零件时，必须注意下列事项：

（1）检修前必须熟悉车辆说明书和电源系统说明书。

（2）对高压系统操作时断开电源。断开电源时需注意，通常断开高压或辅助电源，系统内故障诊断代码有可能会被清除，所以须首先检查读取故障代码后再断开电源。

（3）断开电源后放置车辆5 min，需要对车辆系统内的高压电容器进行放电。

（4）佩戴绝缘手套，并确保绝缘手套没有破损（注意：不要戴湿手套）。

（5）高压电路的线束和连接器通常为橙色，高压零部件通常贴有"高压"警示，操作这些线束和附件时需要特别注意。

（6）对高压系统进行操作时，在旁边放置"高压工作，请勿靠近"的警告牌。

（7）不要携带任何类似卡尺或测量卷尺等的金属物体，因为这些物件可能掉落从而引起短路。

（8）拆下任何高压配线后，立刻用绝缘胶带将其绝缘。

（9）一定要按规定扭矩将高压螺钉端子拧紧。扭矩不足或过量都会导致故障。

（10）完成对高压系统的操作后，应再次确认在工作台周围没有遗留任何零件或者工具，确认高压端子已经拧紧并和连接器连接。

（三）操作步骤

1. 电源系统常规维护

常规维护是对影响电源使用过程中的安全隐患进行检查和排除，避免发生危险性事故。通过制订常规的预防性维护计划，可以更好地了解所使用电动汽车电池的健康状况和终止寿命，确定电池的更换或重点维护计划。常规维护一般每月进行一次。

（1）维护程序。

①动力电源系统在使用1~2个月后，维护人员需要对动力电源系统的外观和绝缘进行维护。

②动力电源系统在使用3个月后，最好进行一次充、放维护。

③维护人员在进行操作时必须戴好绝缘手套等防护用品，使用前必须熟悉动力电源产品的结构、工作原理和使用说明书。

④在进行充放维护时，将动力电源系统按正常工作要求连接到位，接通管理系统的电源，监测电池的状态，根据监测的数据判定电池所处的环境温度、电池温度及电池电压等状态是否正常。

⑤进行充、放维护前，操作者应先检查电源系统各部分的情况，在确保各部分正常的情况下才能进行充、放维护。

⑥维护均应在温度15 ℃~30 ℃、相对湿度45%~75%、大气压86~106 kPa 的环境中进行。

⑦在充、放维护过程中，检查管理系统的功能是否运转正常。

⑧在充、放维护过程中，检查风扇是否在规定的温度下开启和关闭，是否运转正常。

⑨产品在充、放维护结束后，检测对蓄电池包的绝缘电阻，测得的绝缘电阻应满足指标要求；用电压表分别测试蓄电池包的正极端子、负极端子与蓄电池包的最大电压，同时测得的电压值应不超过上限要求。

⑩维护后如果电动汽车动力电源系统的功能都正常，可进行使用；如果有异常情况和故障出现，应立即排除，无法排除的故障应及时与厂家联系。

（2）维护内容。

①检查动力电源系统的状态。

②检查管理系统的功能是否正常。

③对电池进行充、放维护。

（3）维护方法。

①外观维护。

对电源系统的外观进行以下检查，如有问题应及时排除；如无法排除，请及时与厂家联系。

a. 检查电池包箱体是否完好，有无损坏或腐蚀。

b. 检查各紧固件螺栓、螺母是否松动。

c. 检查电池包之间的连接线是否松动。

d. 检查插头是否完好，各种线束有无损坏、擦伤，有无金属部分外露。

e. 检查电池包的冷却通道是否异常。

②绝缘性能检测。

断开电池组与整车的高压连接，用数字电压表测量各个电池包的总正和总负端子对车体的电压是否小于上限值。如发现电压偏高，应测量电池包箱体与车体是否绝缘，如有问题，应由专业人员进行维修。通常可以根据系统总正和总负对车体的电压大致确认多个电池包组成的电源系统中哪一个对车体绝缘出现问题，通过测量电池包总正、总负对电池包外壳的电压，可以大致确定电池包内绝缘故障的电池模块。若同一个电池包出现多个漏电点，则电池包内可能会出现部分电池放电严重（内部形成短路）的情况，可以按照上面的方法逐个进行消除。如果绝缘性能检测正常，可进行充、放维护。

③电动汽车电池及管理系统。

a. 接通电池管理系统，采集并记录开路状态下电池组的总电压、各个电池模块的电压以及各个电池模块的温度。

b. 按厂家推荐的充、放电制度对系统进行充、放电测试。

c. 在充、放电过程中检查电池管理系统显示的电流、电压、温度和 SOC 是否正确，车辆正常运行过程中，检查管理系统数据显示是否正常，否则进行故障排除。

d. 接通辅助电源，运行车辆直至冷却系统工作，观察冷却通道是否通畅。

e. 检查管理系统与各部分连接是否有松动。

注意：在气温较高的情况下，在充、放电过程中应打开车内空调，并开启电池包冷却风扇通风。充电过程中应注意监测各电池模块的电压和温度，如温度超过温度上限，应停止充电。

④冷却系统。

检测进出风通道是否顺畅，风机是否能正常工作。清除防尘网上的灰尘及杂物或更换防尘网。

（4）注意事项。

①动力蓄电池系统化使用时，必须正确识别其正负极，不得接反，不得短路；动力电源系统按照指定的充电条件进行充电。

②建议在 0 ℃~30 ℃ 环境温度下进行充电。

③动力电源系统在使用时，应严格控制放电终止电压不低于放电最低电压，否则会使电池性能和循环寿命下降等。

④动力电源系统的连接均应牢固可靠，动力电源系统应避免在倒置状态下工作。

⑤避免对动力电源系统长时间过度充电。

⑥环境温度过高或过低均会对动力电源系统的充电效率、放电容量、电压的稳定及使用寿命等有不良影响。

⑦电动汽车动力电源系统在使用中发生异常情况，应立即断开电源，并及时与厂家联系进行维修。

⑧严禁用金属或导线同时接触动力电源系统的正负极，以免造成短路。充足电的动力电源系统要防止短路，否则会严重损坏电池，甚至发生危险。在运输和使用时，不要损坏或拆卸电池组，以免电池组短路。

⑨动力电源系统应储存在干燥通风、温度不高于 35 ℃ 的环境中，请勿接近火源，并避免和酸性或其他腐蚀性气体接触。

⑩动力电源系统在充、放电过程中，如果出现异味或异常声响，请立即停止充电。

2. 电源系统重点维护

重点维护是对电源系统进行较详细的测试及检查，目的是保证电动汽车电源系统满足继续使用的要求，消除系统存在的安全隐患，延长电源系统的使用寿命。重点维护一般 6~8 个月进行一次。重点维护前先按常规维护进行检查。

（1）拆卸。

将电池包从车上拆卸下来。若电池包在车上安装位置合适，有利于开包检查和维护，可不进行拆卸。

（2）开包。

①观察电池包外观，看是否有燃烧、漏液、撞击等痕迹。

②拧下电池包上盖固定螺钉，将电池包上盖取下，打开电池包。

注意：打开电池包时不要使电池包上盖与电池接触，也不要损伤电池包。

（3）电池包内部状况检查及处理。

①绝缘检测是指用数字电压表测量各个电池包的总正、总负端子对车体的电压是否小于规定数值，如发现电压偏高，查找漏电点，更换绝缘部件或采取补救措施，消除安全隐患。

②检查电池包底盘和支架是否有电解液和积水等异常情况，如果存在这些异常，须更换电池，同时清理电池包安装部位，确保电池包与底盘的绝缘。

③观察电池外观整洁度，是否有液体、腐蚀等现象。同时使用毛刷、抹布清洁电池表面及零部件。

④检查电池之间的连接是否有松动、锈蚀等现象，若有，进行清理或更换。

⑤检查系统输出端子的连接、电池管理系统各连接插件是否牢固，如发现有松动即刻

紧固。

⑥清理防尘网的灰尘或杂物；对于采用外进风的冷却系统，电动汽车电源系统较长时间应用，电池包内可能会积存大量灰尘等，必须进行清理，清理后再次进行绝缘检测。

⑦检查各电池外观，是否有损坏、漏液、严重变形等现象，若有，对这些电池进行标记并更换。

⑧检测每只电池的电压，对电压异常的电池进行维护或更换。

⑨数据采集系统的检查，检查各连接线是否连接牢固，检查各焊点是否有松动、脱焊现象，否则进行补焊。

注意：本部分工作与电池直接接触，操作过程中注意避免发生触电事故，不要使电池发生短路，电池包的开包检查与更换必须由专业人员进行。

3. 电源系统储存维护

储存维护是对长期储存（时间超过 3 个月）的电动汽车电源系统进行测试及检查，目的是避免因长期不使用而引起的性能衰降，同时消除电池组存在的安全隐患。

（1）环境要求。

①环境温度范围为 15 ℃~30 ℃。

②环境相对湿度范围最大为 80%。

（2）维护方法。

如果有条件就对电源系统进行一次全充全放，以使电池性能得到活化。在没有放电设备条件下，进行充电维护，按照常规充电方法或厂家推荐的充电方法将电源系统充满电。对于经历长期储存的电系统/电池，首次充电必须采用较小电流进行。主要目的如下：

①各类电池均不适宜在较低电压下进行储存，定期补充电将提高电池的储存性能。

②通过充电调整电动汽车电池的电压一致性。

对于铅酸蓄电池，储存时荷电量一般保持在满充电状态。对于 Ni/MH 电池，一般保持 20%~60% 的荷电态。对于 Li 系列电池，荷电量保持在 40%~80% 为宜。

五、驱动电机系统的基本检查

（一）准备工作

由于新能源驱动电机属于高压部件，在车辆维护过程中，需要做好以下工作：

1. 专用工具的准备

（1）检修仪器，配备了专门的检修仪器，如丰田 Prius 配备了智能测试仪。

（2）常用仪表，如电压表、欧姆表、绝缘测试仪等。

（3）专用工具，如螺丝刀、扳手等，这些常用工具必须有绝缘措施。

拆卸高压蓄
电池总成 V2. 0

安装动力
蓄电池总成

（4）常用物料，如绝缘胶带、扎带等。

2. 个人防护

电动汽车使用高压电路，在检修前必须做好以下个人防护措施：

（1）佩戴绝缘手套。

（2）穿防护鞋、工作服等。

（3）手腕、身上不能佩戴金属物件，如金银手链、戒指、手表、项链等物品。

（二）注意事项

电动汽车系统使用高压电路，不正确的操作可能导致电击或漏电。所以，在检修过程中拆卸、检查、更换零件时，必须注意下列事项：

（1）检修前必须熟悉车辆说明书和电源系统说明书。

（2）操作高压系统时断开电源。断开电源时须注意，通常断开高压或辅助电源，系统内故障诊断代码有可能会被清除，所以须首先检查读取故障代码后再断开电源。

（3）断开电源后放置车辆 5 min，需要对车辆系统内的高压电容器进行放电。

（4）佩戴绝缘手套，并确保绝缘手套没有破损。（注意：不要戴湿手套）。

（5）高压电路的线束和连接器通常为橙色，高压零部件通常贴有"高压"警示，操作这些线束和附件时需要特别注意。

（6）对高压系统进行操作时，在旁边放置"高压工作，请勿靠近"的警告牌。

（7）不要携带任何类似卡尺或测量卷尺等的金属物体，因为这些物件可能掉落从而引起短路。

（8）拆下任何高压配线后，立刻用绝缘胶带将其绝缘。

（9）一定要按规定扭矩将高压螺钉端子拧紧。扭矩不足或过量都会导致故障。

（10）完成对高压系统的操作后，应再次确认在工作台周围没有遗留任何零件或者工具，确认高压端子已经拧紧并和连接器连接。

注意：

（1）检查驱动电机绝缘性时一定要断开高低压电，断开插接件时注意安全。

（2）对纯电动汽车高压部件进行维护作业前，必须做好高压安全防护准备。

（三）操作步骤

1. 检查并清洁驱动电机的外观

（1）检查驱动电机是否有磕碰、损坏，表面是否漏液，如图 4-5 所示。

（2）检查驱动电机冷却液液面高度是否正常，如图 4-6 所示。

（3）检查驱动电机的冷却水管是否有泄漏，如图 4-7 所示。

（4）清洁驱动电机表面的灰尘、油泥。用高压气枪或干布对驱动电机的外观进行清洁。

注意：严禁使用水枪对驱动电机及高压部件喷水清洗。

图 4-5　驱动电机外观检查

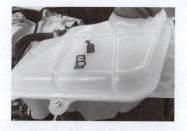

图 4-6　冷却液液面高度检查

图 4-7　冷却水管检查

2. 检查驱动电机的插接件

（1）佩戴绝缘手套检查驱动电机高压插接件连接是否紧固，如图 4-8 所示。

（2）检查驱动电机各传感器插接件是否紧固，如图 4-9 所示。

图 4-8　驱动电机高压插接件检查

图 4-9　传感器插接件检查

3. 检查驱动电机的螺栓

检查驱动电机与变速器总成安装力矩是否符合技术标准，比亚迪 e5 轿车螺栓安装力矩如表 4-1 所示。

表 4-1　固定螺栓力矩

名称	力矩/（N·m）
驱动电机与变速器总成安装螺栓	30
驱动电机固定螺栓	50~55

4. 检查驱动电机的绝缘性

测量驱动电机搭铁绝缘，将量程调至 500 V，将黑表笔搭铁，红表笔分别测量驱动电机三相端子，要求每相的测量值≥550 MΩ，如图 4-10 所示。

注意：测量驱动电机三相绝缘前，首先要对绝缘兆欧表进行检验，确定绝缘兆欧表合格后才能进行测量。

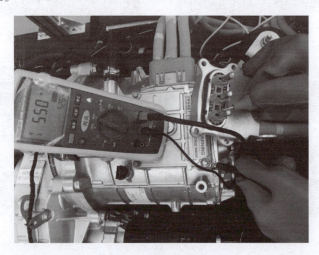

图 4-10　测量电机绝缘性

5. 检查驱动电机定子绕组电阻值

使用数字式万用表，分别测量驱动电机三相定子绕组间的电阻值应<1 Ω，并且分别使电机壳体绝缘，如图 4-11 所示。

图 4-11　测量三相绕组电阻值

6. 检查旋变传感器及电机温度传感器的电阻值

（1）使用数字式万用表，分别测量旋变传感器 A-B、C-D、E-F 组的电阻值是否符合技术标准，如图 4-12 所示。

（2）使用数字式万用表，测量电机温度传感器的电阻值是否符合技术标准，如图 4-13 所示。

图 4-12　测量旋变传感器　　　图 4-13　测量电机温度传感器

六、PEU 基本检查

PEU 是高压驱动集成单元。

（1）维护保养检查部件时，需关闭启动停止按键，断开蓄电池负极电缆进行操作。

（2）检查高低压线束插接件。

①检查低压线束插接件与高压线束插接件是否插接牢靠、是否有退针情况，如有，则及时修正。

②检查低压插接座内针脚有无歪针、退针、断针。若有歪针，则使用插接件维修工具轻轻扶正；若有退针、断针，则更换相应部件。

③检查高低压线束表层是否破损、是否存在绝缘老化问题，如有，则及时更换。

（3）检查冷却液管与 PEU 是否卡接稳固、冷却液管是否有老化。

（4）检查 PEU。

①检查 PEU 安装是否牢靠、紧固螺栓是否松动，如有，则按照标准力矩拧紧紧固螺栓。

②检查外观是否有污物等异物，如有，则及时清洁。检查动力蓄电池外观是否有裂痕，如有，则及时更换。

七、充电系统基本检查

1. 快充口盖总成基本检查

（1）按压打开快充口盖。

（2）检查充电口有无脏污堵塞，如有，则及时清理。

2. 慢充口盖总成基本检查

（1）按压打开慢充口盖。

（2）检查充电口有无脏污堵塞，如有，则及时清理。

八、高压电冷却系统维护

（一）准备工作

1. 专用工具的准备

（1）检修仪器，配备抽液机。

（2）常用仪表，如电压表、欧姆表、绝缘测试仪等。

（3）专用工具，如螺丝刀、扳手、开口钳等。

（4）常用物料，如绝缘胶带、扎带等。

2. 个人防护

电动汽车使用高压电路，在检修前必须做好以下个人防护措施：

（1）佩戴绝缘手套、护目镜等。

（2）穿防护鞋、工作服等。

（3）手腕、身上不能佩戴金属物件，如金银手链、戒指、手表、项链等物品。

（二）操作步骤

1. 检查冷却系统管路及卡箍

检查冷却系统各管路及各零部件有无泄漏情况、卡箍有无松动，如图 4-14 所示。

图 4-14　检查冷却系统管路及卡箍

2. 检查散热器

检查散热器翘片是否有变形、散热片是否有碎屑堆积，如有，须进行清洗，如图 4-15 所示。

注意：严禁使用高压水枪对散热片进行喷水清洗。

图 4-15　检查散热器

3. 检查电动水泵

检查水泵接口是否有泄漏、是否存在异响，检查水泵线束是否老化等，如图 4-16 所示。

图 4-16　检查电动水泵

4. 检查冷却液液位高度

检查冷却液液位高度需将车辆停放在水平路面上，应在电机、高压电控总成降温后检查，液位高度如图 4-17 所示。

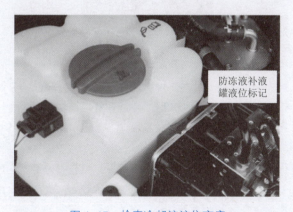

防冻液补液罐液位标记

图 4-17　检查冷却液液位高度

5. 更换冷却液

在冷却液中含有添加剂和抗泡沫添加剂，添加剂会在使用过程中逐渐地丧失应有的功能，以至于无法对冷却系统内部进行很好的保护，也就是说，在冷却系统不发生泄漏的前提下，冷却液对于温度的控制基本不会变，但由于添加剂失效，特别是抗泡沫添加剂，在水泵叶轮的搅动下，会使冷却液产生气泡，气泡会大大削弱冷却液的效果。所以，冷却液需按期更换，更换步骤如下：

（1）用抹布小心谨慎地拧开散热器密封盖。

（2）拧下散热器底部的冷却液排放螺塞，如图4-18所示。

图4-18　拧下冷却液排放螺塞

（3）排放废旧冷却液。

（4）添加新的冷却液，如图4-19所示。

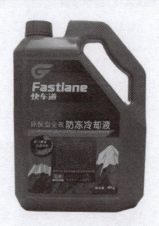

图4-19　添加冷却液

注意：

（1）更换冷却液应佩戴好护目镜，穿上防护服。

（2）冷却液有毒，避免冷却液与皮肤或眼睛直接接触，如发生接触立即用大量清水冲洗。

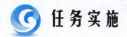 **任务实施**

一、实训场地和器材

新能源汽车作业工位和举升机、新能源汽车整车、拆装工具套件、防护用具等。

二、作业准备

（1）布置新能源汽车作业工位及场地。

（2）检查举升机、工具等。

（3）安装车辆内外防护套件。

三、操作步骤

（1）维护保养检查部件时，需关闭启动停止按键，断开蓄电池负极电缆进行操作。

（2）检查高压线束固定螺栓和高低压线束插件。

①检查高压线束固定螺栓是否松动。

②检查高压线束插接件是否插接牢靠、是否有退针情况，若有问题，则及时修正。

③检查低压线束插接件内针脚（又叫端子）有无歪针、退针、断针；若有歪针，使用插件维修工具轻轻扶正；若有退针、断针，则更换相应部件。

（3）检查高低压线束：检查高压线束与低压线束表层是否破损、是否存在绝缘老化问题。若有问题，则及时更换。

（4）检查动力电池的外观，检查通风口有无堵塞、固定螺栓是否松动等。

①检查动力蓄电池的外观是否有污物等异物，若有，则及时清洁。

②检查动力蓄电池的通风口是否有堵塞现象，若有，则及时清理。

③检查动力蓄电池安装是否牢靠、紧固螺栓是否松动，如有松动，则按照标准力矩拧紧紧固螺栓。

④检查动力蓄电池的外观是否有裂痕，若有，则及时更换。

四、竣工检验

整理、恢复作业场地。

五、实训任务总结

小组讨论并汇总动力蓄电池系统的检查顺序、检查项目及具体内容，并将小组成员做得不到位的地方记录下来。

任务评价

动力蓄电池系统检查考核评分标准

序号	作业项目	考核内容	配分	评分标准	评分记录	得分
1	安全操作	能按要求完成安全操作	10	1. 能进行设备和工具安全检查；（5分） 2. 能进行车辆安全防护操作（5分）		
2	动力蓄电池系统检查顺序	能按流程进行动力蓄电池系统检查	10	能按流程进行动力蓄电池系统检查（10分）		
3	动力蓄电池系统检查内容	能采用正确步骤进行动力蓄电池系统检查	60	1. 检查固定螺栓；（10分） 2. 检查高压线束插接件；（10分） 3. 检查低压线束插接件；（10分） 4. 检查动力蓄电池外观；（10分） 5. 检查动力蓄电池通风口；（10分） 6. 检查动力蓄电池安装（10分）		

续表

序号	作业项目	考核内容	配分	评分标准	评分记录	得分
4	资料使用及工单填写	能正确使用维修手册并填写工单	10	1. 正确使用维修手册；（5分） 2. 正确填写工单，字迹清晰（5分）		
5	工具使用及现场 6S 管理	能正确使用工具并按 6S 管理要求进行	10	1. 正确使用工具；（5分） 2. 现场 6S 管理（5分）		
分数总计			100			

任务拓展

一、填空题

1. 在北方使用的新能源汽车冷却液冰点需要达到_____。

2. 电动汽车电池冷却液比较正常的容量是_____。

3. 电动汽车电机冷却液比较正常的容量是_____。

二、选择题

1. 检查高压模块外观的间隔公里数或时间是（　　）。

A. 10 000 km 或 6 个月　　　　　B. 20 000 km 或 12 个月

C. 40 000 km 或 2 年　　　　　　D. 每个保养周期都要检查

2. 检查一次充电口的间隔公里数或时间是（　　）。

A. 10 000 km 或 6 个月　　　　　B. 20 000 km 或 12 个月

C. 40 000 km 或 2 年　　　　　　D. 每个保养周期都要检查

3. 第一次更换驱动电机冷却液是在（　　）。

A. 一年或 20 000 km　　　　　　B. 两年或 40 000 km

C. 三年或 80 000 km　　　　　　D. 四年或 100 000 km

三、简答题

1. 电源系统的常规维护步骤有哪些？

2. 新能源汽车驱动电机系统的检查与维护的准备工作有哪些？

任务二
新能源汽车底盘系统维护

教学目标

知识目标

（1）准确掌握底盘系统各部件的位置。

（2）熟悉制动系统、行驶系统的功能与组成。

技能目标

（1）能制定检查与维护底盘系统的方案。

（2）能正确使用安全防护用品，能按技术标准对底盘系统进行检查与维护。

素质目标

（1）在操作过程中互相学习，培养团队合作精神，主动探索新鲜事物。

（2）通过对汽车底盘系统的探索，从认知到掌握，提高自己的知识水平和操作能力。

情景导入

黄先生的新能源汽车已行驶了 30 000 km，在驾驶过程中总感觉制动行程过长。为了确保日常行车安全，黄先生准备到 4S 店给自己的爱车做一次维护。在得知黄先生的目的后，作为技术员，请你根据维修手册及技术标准完成对底盘系统的检查与维护。

新能源汽车底盘是整个车辆的重要组成部分，承担着支撑车身、保护车辆内部部件以及传递动力等多项重要功能。本任务将介绍新能源汽车底盘的构造、材料以及维护保养等内容。

一、底盘概述

（一）底盘定义

底盘是指新能源汽车的车身下部和支撑系统，包括车身底板、车架、悬挂、转向、制动和驱动系统等部分。

（二）底盘构成

底盘由车身底板、车架和悬挂系统构成。

（三）底盘种类

底盘包括传统底盘、高强度底盘和轻量化底盘。

（四）底盘悬挂系统

1. 悬挂系统定义

汽车悬挂系统是汽车底盘构成部分之一，主要用于汽车行驶过程中吸收道路表面不平带来的冲击，保证汽车行驶的稳定性。

2. 悬挂系统种类

悬挂系统主要包括独立悬挂系统、非独立悬挂系统、前麦弗逊悬挂系统、后多连杆悬挂系统、气囊悬挂系统等。

（五）底盘转向系统

1. 转向系统定义

新能源汽车的转向系统用来控制汽车方向，包括转向的操作、组成方向及保证行驶稳定性等各个方面，是新能源汽车安全性的保证之一。

2. 转向系统种类

新能源汽车转向系统包括机械转向系统、液压转向系统、电动转向系统及电液切换转向系统等。

（六）底盘制动系统

1. 制动系统定义

新能源汽车制动系统是一种用来调节汽车速度并控制汽车停车的装置，可将汽车的动能转换为热能分散到周围空气中，制动系统在车辆行驶中显得尤为重要。

2. 制动系统种类

新能源汽车制动系统主要分为机械制动系统、液压制动系统、电子控制制动系统等几种。

（七）底盘驱动系统

1. 驱动系统定义

新能源汽车驱动系统是汽车运动的动力部分，用于驱动汽车在行驶过程中高速、稳定地前进。驱动系统是新能源汽车的重要组成部分之一。

2. 驱动系统种类

新能源汽车驱动系统主要分为机械传动系统、电动传动系统、混合动力传动系统等。

二、制动系统检查前的准备工作

（一）准备工作

1. 个人防护

在检查维护前必须做好以下个人防护措施：

（1）佩戴好工作手套、工作帽。

（2）穿工作鞋、工作服等。

（3）手腕、身上不能佩戴金属物件，如金银手链、戒指、手表、项链等物品。

2. 车辆防护

在检查维护前必须做好车辆防护措施：车轮挡块、车内四件套、车外三件套等。

3. 工具、量具准备

（1）检修仪器，如钢尺、放气管。

（2）常用仪表，如千分尺、百分表，磁性表座等。

（3）专用工具，如螺丝刀、扳手等。

（二）技术要求与注意事项

（1）按规定里程维护制动系统，视情况修理制动系统是轿车维护与检修最基本的操作技能，其技术状况的好坏，直接影响车辆能否安全行驶。制动系统维护主要包括检查制动系统是否渗漏或损坏、检查制动液液面高度，必要时添加制动液、检查制动蹄摩擦衬片或衬块的厚度、检查调整手制动装置等。

（2）两人一组，一人在车内，一人在车外，共同完成车辆检查项目。操作过程中，注意两人之间的协调配合，把"安全"放在第一位，轮流作业。

三、制动系统检查流程

1. 检查制动踏板

（1）关闭电源，踩几次制动踏板，感觉制动踏板反应灵敏程度，看制动踏板能否完全落下，有无异常噪声，是否过度松旷。

（2）检查制动踏板自由行程。反复踩制动踏板直至助力器中无真空为止，然后用手轻轻按压制动踏板并且使用钢直尺测量，并计算出制动踏板的自由行程，如图 4-20 所示。

（a）　　　　　　　　　　　　　　　　（b）

图 4-20　测量制动踏板的自由行程

（a）自由状态；（b）有阻力状态

2. 检查制动液

（1）检查制动液储液箱内的制动液量，如图 4-21 所示。液面应在制动液储液箱侧面 MAX 与 MIN 标记之间。若液面低于 MIN 标记，需补充制动液。

图 4-21　制动液液位检查

（2）检查制动总泵与储液箱周围有无泄漏，如发生泄漏，应立即维修。检查制动液软管是否有扭曲、磨损、裂纹，表面有无凹痕或其他损伤。

注意：汽车在出厂前就加注了制动液，并在储液箱盖上已注明，如再加注时，应使用同样的制动液，否则会发生严重的损坏。不能使用过期的、用过的制动液，或未密封容器内的制动液。

（3）更换制动液。车辆正常行驶 4 万 km 或制动液连续使用超过 2 年，制动液很容易由于使用时间长而变质，因此，要及时更换。具体更换方法如下：

①首先将制动系统内原有的制动液完全排尽，然后进行排气操作（排气顺序为右后轮、左后轮、右前轮、左前轮）。更换时应加注型号相同的制动液，在加液的过程中注意不要让制动液沾在油漆上，如沾上，应立即清洗。

②把放气管连接在制动分泵放气孔上，如图 4-22 所示。另一端插入装有制动液的容器内。反复踩几次制动踏板，踩住不动时松开放气螺栓。按此方法重复几次，直到放气孔中没有气泡流出，以规定转矩拧紧放气螺栓。

图 4-22　安装放气管

3. 检查制动盘和摩擦片

（1）卸下车轮及卡钳，但不能将制动软管从钳上取下，如图 4-23 所示。

图 4-23　卸下车轮及卡钳

（2）清洁摩擦片，检查摩擦片厚度，如摩擦片厚度不符合标准时应更换，如图 4-24 所示。

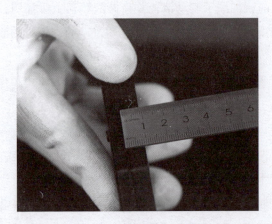

图 4-24　测量摩擦片厚度

（3）检查制动盘有无过度磨损、裂纹。清洁制动盘，在距制动盘端面外边缘 10 mm 处沿圆周 4 个等分点，用千分尺分别测量制动盘厚度，如图 4-25 所示。若制动盘厚度超过极限，必须更换制动盘。

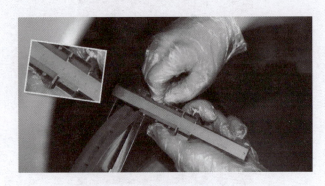

图 4-25　测量制动盘厚度

注意：根据上一次检查到现在的制动器摩擦片磨损量，估计制动器摩擦片在下一次检查时的情况；若估计制动器摩擦片的厚度将会小于可接受的磨损值，建议更换制动器摩擦片。

（4）检查制动盘跳动量。在离制动盘端面外大约 10 mm 处，放置百分表顶尖。转动制动盘，测量轴向圆跳动量，如图 4-26 所示。若超过极限值，需要更换。

注意：测量跳动量前，应检查车轮轴承的游隙是否在规定的范围内，以保证测量准确。

图 4-26　测量制动盘跳动量

4. 检查制动钳导向销和活塞防尘罩

检查导向销运动是否灵活、活塞防尘罩是否存在破损。如有必要，可在两者表面涂上润滑脂。若卡滞或破损应立即更换。

5. 检查电动真空泵

（1）检查电动真空泵的管路是否存在松动或漏气。

（2）检查真空罐单向阀（见图 4-27）连接管路是否漏气、真空罐单向阀胶圈是否损坏。

图 4-27　真空罐

（3）检查真空助力器及连接管路有无漏气。

6. 检查驻车制动器

检查驻车制动拉索的收紧程度和驻车制动手柄拉起的齿数。在正常情况下，拉起驻车制动器，能听见棘爪的响声。当手柄提到整个行程70%的时候，驻车制动就处在正常的制动位置了。

7. 检查后制动鼓与制动蹄片

（1）卸下车轮与制动鼓，如图4-28所示。

图4-28　卸下制动鼓

（2）检查后制动鼓与制动蹄片有无过度磨损、损坏。在卸下车轮与制动鼓的同时，应检查制动分泵有无泄漏，如图4-29所示。如有损坏，应立即更换。

图4-29　检查制动分泵

四、行驶系统检查前的准备工作

（一）准备工作

1. 个人防护

（1）佩戴工作手套、工作帽。

制动系统前后制动
摩擦片检查

（2）穿好工作鞋、工作服等。

（3）手腕、身上不能佩戴金属物件，如金银手链、戒指、手表、项链等物品。

2. 车辆防护

在检查维护前必须做好车辆防护措施：车轮挡块、车内四件套、车外三件套等。

3. 工具、量具准备

（1）检修仪器，如动平衡机、花纹深度规、卡尺等。

（2）常用仪表，如轮胎气压表等。

（3）专用工具，如世达工具 56 件套、扭矩扳手等。

（4）其他物料，如肥皂水、刷子、抹布、手电筒等。

五、行驶系统检查流程

（一）轮胎与轮毂维护作业

1. 检查轮胎的外观

（1）将车轮至少旋转一圈，检查胎面、胎侧是否有异常磨损，如图 4-30 所示。

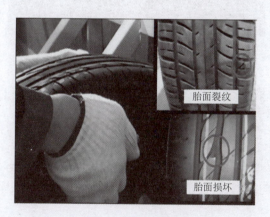

胎面裂纹

胎面损坏

图 4-30　检查胎面、胎侧

（2）检查胎面、胎侧是否有裂纹和损坏。如有较大裂纹、割痕（能看到帘布层），应更换轮胎。

（3）目视检查花纹槽内是否嵌入金属等异物。如嵌入任何金属、玻璃等颗粒，或较大石子，应取出，如图 4-31 所示。

图 4-31　检查花纹槽

2. 检查轮胎磨损程度

首先，目测轮胎表面是否有异常磨损，用花纹深度尺在不同地方多次检测花纹深度，看是否超出安全的花纹深度，如图 4-32 所示。

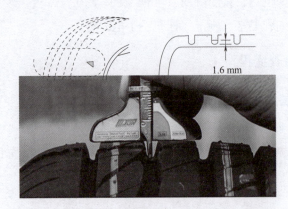

图 4-32　检测花纹槽花纹深度

注意：测量时避免磨损指示凸块；读数时目光应平视刻度线；如<1.6 mm，应更换轮胎。

3. 检查轮胎气压

汽车轮胎胎压不应超过厂家规定的标准气压，过高或过低都会造成轮胎的异常磨损。将胎压表对准轮胎气门嘴读取数值，如果胎压不在正常值范围内，应及时调整，如图 4-33 所示。

注意：

（1）轮胎气压的检查应在轮胎冷却后进行。

（2）轮胎上没有表示外胎磨损程度的标记，也就是轮胎旁边槽中或△标记方向的突出部分指示磨损程度。当轮胎磨损到这部分时要更换。

图 4-33 检查轮胎气压

4. 检查轮毂

举升车辆到相对高度后，用双手握住轮胎的上下侧，来回扳动轮胎，多次检查轮毂轴承有无松动、摆动现象，然后来回转动轮胎，多次检查有无噪声、有无卡滞，如图 4-34 所示。如轮辋变形或损坏严重，需更换。

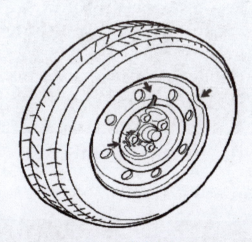

图 4-34 检查轮毂

5. 检查车轮动平衡

当汽车车轮高速旋转起来后，造成车辆在行驶中车轮抖动、转向盘振动的现象，就需要对车轮进行动平衡检测来校正。

如何对车轮进行动平衡检测呢？

（1）清除被测车轮上的泥土、石子等杂物。

（2）拆下旧平衡铅块，如图 4-35 所示。

（3）检查轮胎气压，如不合规定，则充气至规定气压。

图 4-35　拆除铅块

（4）根据轮辋中心孔的大小选择锥体，装上车轮，用快速锁紧螺母将车轮锁紧在转轴上，如图 4-36 所示。

图 4-36　选择锥体

（5）安装车轮，快速拧紧锁紧螺母，如图 4-37 所示。

图 4-37　安装轮胎

（6）用卡尺测量轮辋宽度、轮辋边缘至动平衡机的距离，如图 4-38、图 4-39 所示。将宽度、距离及轮辋直径数据输入动平衡机。

图 4-38 测量轮辋宽度

图 4-39 测量轮辋边缘到动平衡机的距离

（7）放下车轮防护罩，按下启动键（有的是自动启动），车轮旋转，平衡测试开始，自动采集数据；运行几秒钟后，车轮自动停转（或听到提示笛声后按下停止键），车轮停转，从指示装置读取车轮内、外不平衡质量和不平衡位置信息。

（8）抬起车轮防护罩，用手慢慢转动车轮。当指示装置发出指示（音响、指示灯亮、制动、显示点阵或显示检测数据等）时停止转动。在轮辋的内侧或外侧的上部（时钟12 点位置）加装平衡块。内、外侧要分别进行，平衡块装卡要牢固，如图 4-40 所示。

图 4-40 安装平衡块

轮胎的拆装与换位

轮胎的检查与气压调整

（9）安装新平衡块后，按第（7）步重新进行平衡试验，直至不平衡量小于 5 g，或指示装置显示 "00" 时为止；测试结束拆下轮胎。

（二）悬架维护作业

1. 检查减振器

（1）目测减振器是否有凹痕、损坏、变形等情况，如图 4-41、图 4-42 所示。

（2）停车后用力往下按压汽车的一侧，若汽车摆动三四次，则说明减振器的减振性能已经很弱，需要更换。

（3）检查减振器是否漏油，防尘罩是否有裂纹，油封是否有损坏，若有，则需要更换。

图 4-41　减振器　　　　　　　　　图 4-42　检查减振弹簧

（4）检查减振器上方的连接螺栓是否按要求的力矩紧固。

（5）拆下减振器检查是否发生活塞杆卡滞或推拉活塞杆。

（6）检查减振器没有阻力，则需要更换。

注意：减振器更换时只能整件更换，不能拆开维修。

2. 检查悬架装置

（1）检查左右摆臂及转向器外侧拉杆球头、拉杆球头上的防尘罩是否出现破损漏油现象。

（2）检查球头的摆动与转动是否流畅，或是否有松动现象。

（3）在轮胎气压正常、汽车空载状态下，观察汽车，如汽车左右不等高，则要注意检查前悬架螺旋弹簧是否有左右长度不等现象，如有上述情况发生，更换螺旋弹簧。

（4）检查橡胶件，如有损坏、开裂或老化失效情况，则应更换。

（5）检查前、后悬架装置，是否有损坏、松脱、车身倾斜情况。

（6）检查前、后悬架上弹簧座有无脱开、撕裂成其他损坏。如有损坏，则应更换。

（7）检查悬架螺栓、各支架螺栓连接是否紧固。

（8）检查后稳定杆、纵臂等是否弯曲、变形、损坏，如图 4-43 所示。

图 4-43　检查稳定杆

（三）车架与车桥维护作业

（1）选择合适的扭矩扳手，使用前应清洁，进行校零和旋向检查，调整扭矩扳手到所需扭矩，再进行锁止。

（2）使用规定扭矩，逐一检查底盘螺栓，如图4-44所示。

汽车底部检查

图4-44　检查底盘螺栓

注意：查阅车辆维修手册获得各螺栓螺母的规定扭矩；螺栓如有松动需记录并按规定力矩拧紧；应尽量用力拉，避免冲击动作。

六、转向系统检查前的准备工作

（一）准备工作

1. 个人防护

（1）佩戴工作手套、工作帽。

（2）穿好工作鞋、工作服等。

（3）手腕、身上不能佩戴金属物件，如金银手链、戒指、手表、项链等物品。

2. 车辆防护

在检查维护前必须做好车辆防护措施：车轮挡块、车内四件套、车外三件套等。

3. 工具、量具准备

（1）检修仪器，如四轮定位仪。

（2）常用仪表，如轮胎气压表等。

（3）专用工具，如世达工具56件套、扭矩扳手等。

（4）其他物料，如肥皂水、刷子、抹布、手电筒等。

（二）注意事项

1. 当处理电子部件时

（1）避免撞击电子部件，如EPS控制器和EPS电动机。如果这些部件跌落或遭受严重撞击，则应该更换。

（2）不要将任何电子部件暴露在高温或者潮湿的环境中。

（3）不要触碰连接器端子，以防变形或者因静电引起故障。

2. 当处理机械总成时

（1）避免撞击转向管柱或者转向机总成，特别是电动机或者转矩传感器，如果这些部件遭受严重撞击，则应更换。

（2）当移动管柱或者转向机总成时，不要提拉线束。

七、转向系统检查流程

1. 检查转向盘自由行程

（1）将转向盘置于正前方位置，给转向盘周围施加 5 N 的力。

（2）测量转向盘周围的自由行程，如图 4-45 所示。

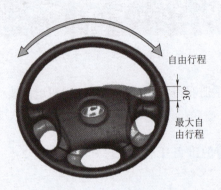

自由行程

30°

最大自由行程

图 4-45　检查转向盘自由行程

1. 检查转向盘自由行程

转向盘自由行程是指不使转向轮发生偏转而转向盘所能转过的角度。转向盘自由行程为小于等于 7°，若无法实现小于等于 7° 的自由行程，则需调整转向器调整楔块，使转向盘行程符合要求。

注意：

（1）当车辆停止或低速行驶时，避免长时间连续转动转向盘；当转向盘处于极限位置时，避免持续长时间（约 90 s）不转动转向盘。

（2）移动转向器总成时不要提拉线束，当断开和重新连接插接器时确保钥匙置于 OFF 位置；不要将任何电子部件暴露在高温或潮湿环境中。不要触碰插接器端子，以防变形或因静电而引起故障。

（3）对转向系统（转向器、转向横拉杆、转向管柱等）进行操作时，在拆卸和安装过程中，转向盘必须在 0° 车轮直向前位置。

2. 检查转向盘有无松动和摆动，能否自由移动

用双手握住转向盘上下晃动，检查转向盘有无松动和摆动；用双手握住转向盘左右移动，检查转向盘能否自由移动，如图 4-46 所示。拉动转向盘调节开关，检查是否可以随驾驶人的要求上下调整转向盘的高度，并锁止在需要的高度。

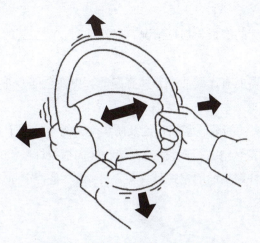

图 4-46　检查转向盘有无松动和摆动

3. 检查转向器传动机构的工作状况和密封性

检查转向器传动机构的工作状况和密封性是否正常，检查前悬架、后悬架、转向器、转向横拉杆、转向管柱等相关部件是否松动或损坏，校紧各部螺栓，如图 4-47 所示。

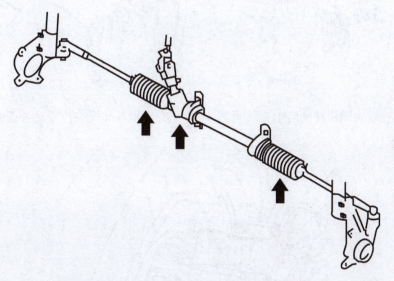

图 4-47　检查转向器传动机构的工作状况和密封性

4. 检查转向盘及转向管柱有无变形与损坏情况

（1）转动转向盘，检查转向球节轴承工作是否正常，看其有无磨损、损伤情况。检查转向轴和轴承，是否有"咔嗒"声和损坏，如有"咔嗒"声和损坏，应更换新部件。

（2）目测检查轴是否损伤或变形。

（3）转动转向盘，目测插接器转动是否顺畅，是否有损伤及转动。

5. 检查转向器本体连接紧固状态

（1）检查转向器壳体上是否有裂纹，并注意转向器上的零件不允许焊接或校正，只能更换。

（2）检查轴承及衬套的磨损与损坏情况，以及油封、防尘套的磨损与老化情况，并及时更换。

（3）目测检查转向器上有无漏油处，如有漏油，更换全部 O 形圈及密封垫。

6. 检查转向横拉杆球头的间隙、紧固程度及防尘套

检查转向横拉杆球头的间隙、紧固程度及防尘套，需要按照下列步骤进行作业：

（1）举升车辆（车轮悬空），通过摆动车轮和转向横拉杆来检查间隙。

（2）检查转向横拉杆球头的固定螺母（见图 4-48）是否牢固。

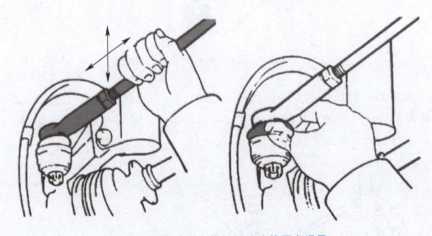

图 4-48　检查转向横拉杆球头的固定螺母

（3）检查转向横拉杆的防尘套（见图 4-49）有无损坏和安装位置是否正确。

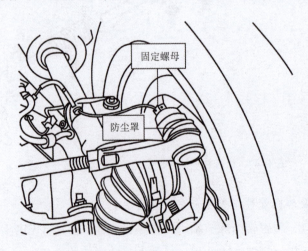

固定螺母

防尘罩

图 4-49　检查转向横拉杆的防尘套

7. 检查转向助力功能

在道路试车过程中，通过原地转向、低速行驶中转向，检测转向时转向盘是否有沉重、助力效果不足等故障。将转向盘分别向左右转动至极限位置，检测是否有转向盘抖

动、转向器异响等故障。

8. 路试检查

路试检查转向功能是否正常，有无噪声。

9. 检测电动助力转向系统主电源

检查电动助力转向系统主电源的主熔丝 FU06 供电是否正常，如图 4-50 所示，使用万用表测量 T5/4、T5/5，正常应为蓄电池电压，其中 T5/4 为搭铁，T5/5 为常电。

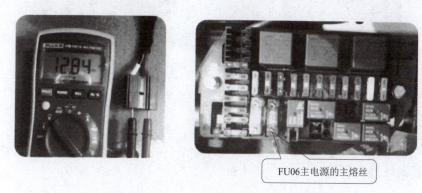

图 4-50　检查电动助力转向系统主电源的主熔丝 FU06 供电情况

10. 检测电动助力转向系统控制器 20 针插件供电及信号输入

将钥匙转动至 ON 挡，检查电动助力转向系统控制器 5 号脚电压与蓄电池电压是否一致，如图 4-51 所示。

图 4-51　检测电动助力转向系统控制器 20 针插件供电及信号输入

11. 检测电动助力转向系统电机控制器输出电压

检查 3 号脚车速信号线至整车控制器，用万用表电压挡测得数值应为 0.03~13.6 V 范围内。如图 4-52 所示，检查 4 号脚 501 号线，使用万用表测量电动助力转向系统电机控制器输出电压为 5 V，其中 5 号脚 504 号线转矩传感器搭铁。使用万用表检查 501 号线与504 号线的电压，应为（5±0.1）V，若电机控制器没有（5±0.1）V 输出，则更换电机控制器。

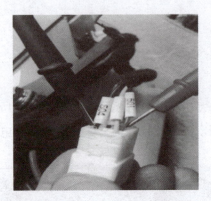

图 4-52　检查电动助力转向系统电机控制器输出电压

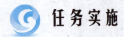 任务实施

一、实训场地和器材

新能源汽车作业工位和举升机、新能源整车、工具箱。

二、作业准备

（1）检车举升机。

（2）新能源整车和防护套等 6S 操作。

（3）准备拆装工具。

三、操作步骤

1. 准备检查

（1）停车入位，举升车辆至适合高度。

（2）拆下前下护板。

（3）按照前悬架、后悬架、转向系统的顺序依次检查。

2. 悬架检查

（1）检查悬架系统减振弹簧是否明显变形、断裂等，如图 4-53 所示。

（2）检查减振器是否变形、破损、漏油等。

（3）检查各球头是否松动或损坏。

（4）检查机械连接部件是否明显变形。

（5）检查连接螺栓是否松动。

3. 转向系统检查

（1）检查仪表上转向系统故障警告灯有无点亮，如果点亮，用诊断仪读取故障码并进行消除。如不能消除，需进一步检查。

图4-53　减振弹簧检查

（2）检查转向系统转向时有无异响。

（3）检查转向系统各组成部件有无损坏。

完成上述检查后，若有异常，则进行相关维修；若无异常，检查结束。

四、竣工检验

整理、恢复作业场地。

五、实训任务总结

小组讨论并汇总悬架与转向系统的检查顺序、检查项目及具体内容，并将小组成员做得不到位的地方记录下来。

_____

_____

_____

_____

_____

_____

_____

_____

_____

_____

_____

_____

_____

任务评价

悬架与转向系统检查考核评分标准

序号	作业项目	考核内容	配分	评分标准	评分记录	得分
1	安全操作	能按要求完成安全操作	10	1. 能进行设备和工具安全检查；（5分） 2. 能进行车辆安全防护操作（5分）		
2	悬架与转向系统检查顺序	能按流程进行悬架与转向系统检查	10	能按流程进行悬架与转向系统检查（10分）		
3	悬架与转向系统检查内容	能采用正确步骤进行悬架与转向系统检查	60	1. 能正确查找并识别前后悬架、转向系统各组成部件；（10分） 2. 能正确检查前悬架组成部分有无故障；（10分） 3. 能正确检查后悬架各组成部件有无故障；（10分） 4. 能正确检查转向系统有无故障；（10分） 5. 能准确判断是否需要做四轮定位；（10分） 6. 能正确进行车辆前轮前束调整（10分）		
4	资料使用及工单填写	能正确使用维修手册并填写工单	10	1. 正确使用维修手册；（5分） 2. 正确填写工单，字迹清晰（5分）		
5	工具使用及现场6S管理	能正确使用工具并按6S管理要求进行	10	1. 正确使用工具；（5分） 2. 现场6S管理（5分）		
	分数总计		100			

任务拓展

一、填空题

1. 变速器一般位于汽车的_____与_____之间。

2. 普通齿轮变速器是利用不同齿数的车轮啮合传动来实现_____和_____的改变。

3. _____主要表现为挂不上挡，或挂上挡后摘不下挡。变速器出现该故障后使汽车无法_____。

二、选择题

1. 转向操纵机构拆卸后需重新进行（　　）定位并检查转向盘自由行程。

A. 一轮　　　　　　B. 二轮　　　　　　C. 三轮　　　　　　D. 四轮

2. 汽车转向系统的功能是（　　）汽车的行驶方向。

A. 保持　　　　　　B. 改变　　　　　　C. 保持和改变　　　D. 保持或改变

3. 汽车方向盘不稳的原因不可能是（　　）。

A. 转向机蜗杆轴承装配过紧

B. 前束过大

C. 横直拉杆球节磨损松动

D. 转向节主销与铜套磨损严重，配合间隙过大

三、简答题

造成车辆前轮摆振有哪些因素？

任务三
新能源汽车电器系统维护

教学目标

知识目标

(1) 理解车身电器系统的功能。

(2) 理解车身电器系统的类型。

技能目标

(1) 掌握新能源汽车电器系统维护操作规范。

(2) 掌握新能源汽车行车安全系统、便捷舒适系统基本检查内容。

素质目标

(1) 在操作过程中互相学习，培养团队合作精神，主动探索新鲜事物。

(2) 通过对车身电器系统的探索，从认知到掌握，提高自己的知识水平和操作能力。

情景导入

一位新能源汽车车主将车辆开到维修站，反映该车已到维护期，想对整车的电器系统进行维护。

信息获取

一、车灯系统

车灯是车辆照明和信号指示的工具。车灯根据安装位置和用途不同，一般可分为内部车灯和外部车灯。

(一) 车灯的作用

1. 内部车灯的作用

(1) 顶灯：提供车内照明。

(2) 行李舱灯：给行李舱提供照明。

2. 外部车灯的作用

(1) 前组合灯：主要起照明和信号指示作用。

(2) 转向信号灯：用于向其他道路使用者提示车辆转向。

(3) 雾灯：用于雨雾天气行车时的照明和提示。

（4）制动灯：在车辆要减速或停车时起提示作用。

（5）倒车灯：在倒车时起提示作用。

（6）牌照灯：给车辆牌照照明，方便在黑暗中辨别车辆牌照。

（7）位置灯：用于在夜间显示车身宽度和长度。

（8）日间行车灯：用于白天对行走人员及外部车辆的警示。

（二）车灯控制

1. 内部车灯控制

内部车灯是车内的照明和信号装置，由车身控制模块控制。

（1）顶灯。

顶灯由 BCM 控制供电，由顶灯开关位置决定是否点亮。

（2）行李舱灯。

行李舱灯由 BCM 控制供电，由行李舱盖状态决定是否点亮。

2. 外部车灯控制供电

（1）前组合灯。

启动停止按键至 RUN 挡，转向信号灯开关向下或向上扳动，电源给左侧或右侧的转向信号，控制前机舱电器盒中的近光灯继电器工作，接通近光灯电源，近光灯工作；灯光开关在远光灯挡位，车身控制器检测到远光灯开启信号，控制前机舱电器盒中的远光灯继电器工作，接通远光灯电源，远光灯工作。

（2）转向信号灯。

启动停止按键至 RUN 挡，转向信号灯开关向下或向上扳动，电源给左侧或右侧的转向信号灯供电。

（3）危险警告灯。

按下危险警告灯开关，电源向所有转向信号灯供电。

（4）雾灯。

启动停止按键至 RUN 挡，电源向后雾灯供电。

（5）制动灯。

当踩下制动踏板时，BCM 给制动灯供电。

（6）倒车灯。

当换挡旋钮在倒挡位置时，倒车开关打开，电源给倒车灯供电。

（7）拍照灯。

打开灯管开关，电源给牌照灯供电。

（8）位置灯。

打开灯光开关，电源给位置灯供电。

二、刮水洗涤系统

1. 概述

刮水洗涤系统是由 BCM 控制的，在接收到驾驶员的指令后工作。所有的刮水或洗涤功能，是由安装在方向盘右手侧的刮水组件总成控制的。系统部件包括：前雨刮片、前雨刮臂、前雨刮电机、刮水组件、洗涤罐、前风窗玻璃洗涤泵、前风窗喷嘴总成。

2. 前刮水器系统

前刮水器系统组成如图 4-54 所示。

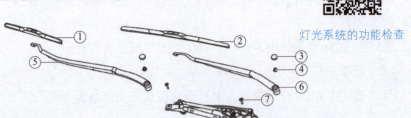

灯光系统的功能检查

图 4-54　前刮水器系统组成

1—副刮片；2—主刮片；3—装饰帽；4—前雨刮臂固定螺母；5—副刮臂；6—主刮臂；

7—前雨刮电机及连杆机构总成固定螺栓；8—前雨刮电机及连杆机构总成

3. 洗涤系统

洗涤系统组成如图 4-55 所示。

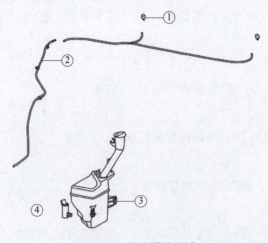

图 4-55　洗涤系统组成

1—前喷嘴总成；2—洗涤管路；3—洗涤罐总成；4—洗涤泵总成

4. 故障现象和排除措施

（1）刮水器不工作。

其故障排除步骤如表 4-2 所示。

表 4-2 刮水器不工作故障排除步骤

序号	检查步骤	检查结果		
0	初步检查	正常	有故障	操作方法
	检查蓄电池电压是否正常	进行第一步	电压不足	对蓄电池进行充电或更换蓄电池
1	检查刮水器臂固定螺母	正常	有故障	操作方法
	检查刮水器臂固定螺母是否松动	进行第二步	刮水器片不动或只以一种速度摆动	按规定力矩拧紧固螺母
2	检查刮水系统熔丝	正常	有故障	操作方法
	检查刮水系统熔丝是否熔断	进行第三步	熔丝熔断	更换熔丝
3	检查刮水系统继电器	正常	有故障	操作方法
	检查刮水系统继电器是否工作	进行第四步	刮水系统继电器不工作	更换继电器
4	检查刮水器电机摇臂	正常	有故障	操作方法
	检查刮水器电机上的摇臂螺母是否松动	进行第五步	刮水器电机上的摇臂螺母松动	按规定力矩紧固螺母
5	检查电机	正常	有故障	操作方法
	检查刮水器电机是否损坏	进行第六步	刮水器片不动或只以一种速度摆动	更换刮水器电机
6	检查刮水组件	正常	有故障	操作方法
	检查刮水组件是否损坏	进行第七步	刮水组件损坏	更换刮水组件
7	检查操作	正常	有故障	操作方法
	正确检修操作后，检查故障是否再现	诊断结束	故障未消失	从其他症状查找故障原因

（2）洗涤系统不工作。

其故障排除步骤如表 4-3 所示。

表 4-3 洗涤系统不工作故障排除步骤

序号	检查步骤	检查结果		
0	初步检查	正常	有故障	操作方法
	检查蓄电池电压是否正常	进行第一步	电压不足	对蓄电池进行充电或更换蓄电池
1	检查熔丝	正常	有故障	操作方法
	检查洗涤系统熔丝是否熔断	进行第二步	洗涤系统熔丝熔断	更换熔丝

续表

序号	检查步骤	检查结果		
2	检查洗涤系统继电器	正常	有故障	操作方法
	检查洗涤系统继电器是否工作	进行第三步	洗涤系统继电器不工作	更换继电器
3	检查刮水组件	正常	有故障	操作方法
	检查刮水组件是否损坏	进行第四步	刮水组件损坏	更换刮水组件
4	检查洗涤泵	正常	有故障	操作方法
	检查洗涤泵是否损坏	进行第五步	洗涤泵损坏	更换洗涤泵
5	检查操作	正常	有故障	操作方法
	正确检修操作后，检查故障是否再现	诊断结束	故障未消失	从其他症状查找故障原因

三、电动车窗系统

1. 电动车窗的结构

电动车窗主要由车窗升降器、电动机、继电器、开关等组成。车窗升降器是电动车窗中最主要的组成部分，目前所使用的车窗升降器的结构类型主要有电动交叉臂式玻璃升降器、电动钢丝滚筒式玻璃升降器、电动齿轮齿条式玻璃升降器和齿扇式升降器等几种。电动车窗使用的电动机是双向的，有永磁式和双绕组式两种。每个车窗都装有一个电动机，通过开关控制它的旋转方向，使车窗玻璃上升或下降。电动车窗结构组成如图4-56所示。

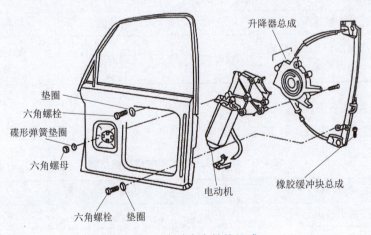

图 4-56　电动车窗结构组成

2. 电动车窗的工作原理

（1）采用永磁式直流电动机的电动车窗升降原理。

永磁式直流电动机结构简单，但开关和控制线路相对复杂一些，在实际当中应用较广泛。它是通过改变电驱的电流方向来改变电动机的旋转方向，使车窗上升或下降的。

电动车窗有两套控制开关，一套为总开关，由驾驶员控制每个车窗的升降；另一套是分别安装在每个车门中部的分开关，由乘员操纵。

将启动停止按键置于 ON 位置，通过驾驶人主控开关可以方便地控制四扇车窗玻璃的升降，乘员也可使用其他三个车窗开关分别控制各个车窗玻璃的升降。另外，驾驶人侧的车窗开关通常采用点触式电路控制，驾驶人要使车窗玻璃下降时，只需点触一下下降开关，车窗玻璃就会自动下降到最低点；在下降过程中，如果要使玻璃停止在某一位置，只要再点触一下开关即可。因此，该开关也称作"一触式开关"。

（2）采用双绕组串励式直流电动机的电动车窗升降原理。

双绕组串励式直流电动机的一端直接与车身搭铁，电动机内部有两组励磁绕组，一组称为"上升"绕组，另一组称为"下降"绕组。通过接通不同的绕组，电动机的转向不同，从而实现车窗的上升和下降动作。

3. 电动车窗的检修

电动车窗常见的故障有电动车窗不工作、电动车窗有异响、电动车窗卡滞或阻滞。其检修方法如表 4-4 所示。

表 4-4　电动车窗的检修方法

故障现象	产生原因	检修方法
电动车窗不工作	熔丝熔断	更换同标准的熔丝
	控制开关损坏	检修控制开关
	线路短路或接触不良	用仪表检查、连接线路
	直流电动机损坏	检修直流电动机
电动车窗有异响	传动机构调整板不当	检查调整各部件连接情况
	卷丝筒内钢丝绳脱槽	检查调整钢丝绳的位置
	电动机盖板或固定架与车窗玻璃擦碰	检查安装支架弧度是否正确
电动车窗卡滞或阻滞	导轨凹部有异物	排除异物
	导轨变形	恢复原有形状
	直流电动机故障	检修直流电动机
	钢丝绳生锈磨损	更换钢丝绳

四、电动座椅系统

1. 电动座椅的结构

（1）电动机。

电动座椅多采用永磁式双向直流电动机，为防止电动机过载，电动机内一般都装有断路器。由于座椅的类型不同，一般一个座椅可装2个、3个、4个或6个电动机。

（2）传动机构。

传动机构的作用是把电动机的旋转运动转变成座椅的上下、前后移动或靠背的倾斜摆动。蜗轮蜗杆机构是其核心部件，具有较大的传动比且自锁性能良好。

①高度调节机构：高度调节机构由蜗杆轴、蜗轮和芯轴等组成，调节时，蜗杆轴在电动机的驱动下，带动蜗轮转动，从而使芯轴旋进或旋出，实现座椅的上升与下降。

②纵向调节结构：纵向调节机构由蜗杆、蜗轮、齿条、导轨等组成。齿条装在导轨上。调节时，电动机转矩经蜗杆传至两侧的蜗轮上，经导轨上的齿条，带动座椅前后移动。电动座椅的结构如图4-57所示。

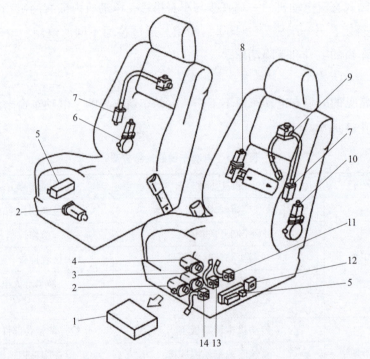

图4-57　电动座椅的结构

1—电动座椅ECU；2—滑动电动机；3—前垂直电动机；4—后垂直电动机；5—电动座椅开关；
6—倾斜电动机；7—头枕电动机；8—腰垫电动机；9—位置传感器（头枕）；
10—倾斜电动和位置传感器；11—位置传感器（后垂直）；12—腰垫开关；
13—位置传感器（前垂直）；14—位置传感器（滑动）

2. 电动座椅的工作原理

电动座椅一般由座椅开关、电动机、传动机构和座椅调节器等组成。电动座椅最普遍的控制形式是使用三个电动机实现座椅六个不同方向的位置调整：上、下、前、后、前倾、后倾。三个电动机分别称为前高度调整电动机、后高度调整电动机与前后移动电动机。用这三个电动机控制座椅的前部高度、后部高度以及座椅的前后移动来实现座椅位置的调整。通过电动座椅控制开关，即可完成不同的调节功能。

3. 电动座椅的检修

电动座椅的常见故障有电动座椅完全不动或某个方向不能工作。电动座椅的检修方法如表 4-5 所示。

表 4-5 电动座椅的检修方法

故障现象	产生原因	检修方法
电动座椅完全不动作	电源电压不足	检修汽车电源（蓄电池、发电机）
	熔丝熔断	更换同标准的熔丝
	开关损坏	检修或更换开关
	线路断路	按电路图检查、连接电路
	电动机损坏	检修或更换电动机
	传动装置损坏	检修传动装置
电动座椅某个方向不能工作	电动座椅开关损坏	检修或更换开关
	线路断路	按电路图检查、连接电路
	某个直流电动机损坏	检修或更换直流电动机
	传动装置脱开或损坏	检修传动装置（包括软轴、齿轮、齿条、螺杆等）

五、空调系统概述

1. 空调系统的功能

新能源汽车空调压缩机由高压直流电驱动电机，带动压缩机制冷；热风由高压直流电通过 PTC（Positive Temperature Coefficient）器件发热产生热量，由空调鼓风机风扇吹到车内。

2. 空调系统的结构组成

新能源汽车空调制冷系统主要是由电动压缩机、冷凝器、膨胀阀、蒸发器和管路等组成，其原理与传统内燃汽车空调相同，各个部件之间采用高压橡胶管和钢管连接成一个密闭的系统。

3. 空调制冷过程

在制冷系统工作时，制冷剂会以不同的状态在这个空间里循环流动，而这样的循环又分为以下四个过程：

（1）压缩过程。

压缩机吸入蒸发器出口处低温低压的制冷剂气体，把它压缩成高温高压的气体排出压缩机。

（2）散热过程。

高温高压的过热制冷气体进入冷凝器散热，由于温度降低，制冷气体冷凝成液体。

（3）节流过程。

压力较高的液体制冷剂通过膨胀后压力急剧下降，以雾状（细小液滴）排出膨胀阀。

（4）吸热过程。

雾状制冷剂进入蒸发器。因为此时制冷剂沸点远低于蒸发器内温度，所以制冷剂液体蒸发成气体。在蒸发过程中大量吸收周围的热量，而后低温低压的制冷剂蒸发气又进入压缩机。

上述过程周而复始地进行，达到降低蒸发器周围空气温度的目的。

4. 空调制热过程

电动汽车取消了传统内燃机汽车的发动机，没有了热源，因此电动汽车的采暖系统工作原理与传统内燃机汽车不同，电动汽车的暖风系统利用 PTC 加热器通电加热车内空气来达到制热效果。

六、空调系统维护

（一）准备工作

1. 专用工具的准备

专用工具如图 4-58 所示。

（1）检修仪器，如道通汽车故障诊断仪、空调真空泵。

（2）常用仪表，如空调压力表、制冷剂测漏仪等。

（3）专用工具，如螺丝刀、扳手等，这些常用工具必须有绝缘措施。

（4）常用物料，如绝缘胶带、扎带等。

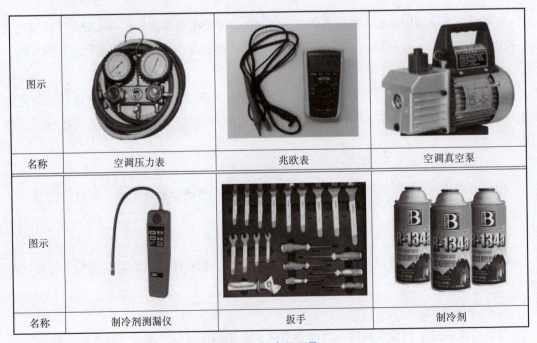

图示		
名称	空调压力表	兆欧表	空调真空泵
图示		
名称	制冷剂测漏仪	扳手	制冷剂

图 4-58 专用工具

2. 个人防护

（1）佩戴绝缘手套。

（2）穿防护鞋、工作服等。

（3）手腕、身上不能佩戴金属物件，如金银手链、戒指、手表、项链等物品。

（二）操作步骤

空调的维护，即通过对汽车空调系统的定期检查和调整，以维持其良好的技术状态和工作可靠性。为了确保汽车空调能良好运行，发挥其应有的作用，定期对空调维护是非常重要的。

1. 检查空调控制面板功能

（1）按下风量调节旋钮，检查风量是否和调节相符合。

（2）按下内外循环按钮，观察空调能否进行内、外循环模式的切换。

（3）按下模式开关，根据仪表屏上的出风模式检查各出风口是否正常工作。

（4）分别按下前后风窗玻璃除霜按钮，检查出风口是否正常工作。

2. 检查空调滤清器

汽车空调滤清器能够过滤从外界进入车厢内部的空气，使空气的洁净度提高。一般的过滤物质是指空气中所包含的杂质，如微小颗粒物、花粉、细菌、工业废气和灰尘等。

空调滤清器的效果是防止这类物质进入空调系统对其造成破坏，给车内驾乘人员良好的空气环境，保护车内人员的身体健康，此外，还可以防止玻璃雾化。

对空调滤清器进行检查时，应检查空调滤清器是否过脏、风速是否正常，确保空调滤清器清洁、通风良好，无霉无菌。

下面以比亚迪 e5 轿车为例，介绍更换空调滤清器步骤。

（1）空调滤芯在副驾驶人搁脚处上方位置。

（2）两边用力，向里挤压，放倒手套箱，两边一扣即可取出滤清器。

（3）空调滤清器一般更换周期是 12 000 km 换一次。

（4）如果滤芯肮脏，则从反面吹压缩空气来清洁，离滤芯 5 cm 远，握住气枪，以 500 kPa 的压力吹大约 2 min。

（5）安装空调滤清器时需要注意安装方向，白色向上。

3. 检查风道通风装置

检查风道是否过脏或有无异响情况，确保风道清洁、通风良好、无异物。

4. 高压电动压缩机的检查

主要检查进、排气压力是否符合要求，各紧固件是否松动，是否漏气等。

5. 冷凝器及其冷凝风扇的检查

检查冷凝器表面有无污物、泥垢，散热片是否有弯曲或被阻塞现象。如发现冷凝器表面脏污，应及时用压缩空气或清水清洗干净，以保持冷凝器有良好的散热条件。防止冷凝器因散热不良而造成冷凝压力和温度过高。在清洗冷凝器的过程中，应注意不要把散热片碰倒，更不能损伤制冷管道。

6. 蒸发器的检查与维护

一般应每年用检漏仪进行一次检漏作业，每 2~3 年应对蒸发器内部进行清扫，清除送风通道内的杂物。

7. 干燥器的更换

汽车空调在正常使用情况下，一般每 3 年左右更换一次干燥器，如因使用不当使系统进入水分后应当及时更换。

8. 膨胀阀的维护

检查其动作是否正常、开度大小是否合适，如不正常应更换或做适当调整。

9. 制冷系统管路的维护

每年检查一次，并用检漏仪检查其密封情况，检查软管是否有老化、裂纹现象，一般每 3~5 年更换一次软管。

10. 冷冻机油的更换

冷冻机油一般每 2 年左右检查或更换，当管路有较大泄漏时，应及时检查或补充冷冻机油。

11. 安全装置的检查与更换

高压开关、低压开关、温控开关等是关系到空调系统是否能安全、可靠工作的安全装置，一般应每季检查一次，每 5 年更换一次。

12. 检查电路线束

（1）检查线束及插件连接处是否对插到位，有无松动、破损、腐蚀等问题，若未达到要求，则应修复或更换。

（2）检查插接件线束波纹管有无破损，若有，则应修复或更换。

13. 检查与维护暖风系统

打开空调 A/C 开关，按下内外循环按钮，按下"温度+"按钮，如图 4-59 所示，制热功能启动，空气通过 PTC 加热从仪表盘通风口输出。暖风功能打开几分钟后，检查吹出的风有无焦煳味。

图 4-59　大众 ID.4 空调控制面板

14. 检查 PTC 连接螺栓

检查 PTC 螺栓连接是否紧固，确认拧紧力矩是否符合要求，若不符合，则进一步拧紧到维修手册上要求的力矩，如图 4-60 所示。

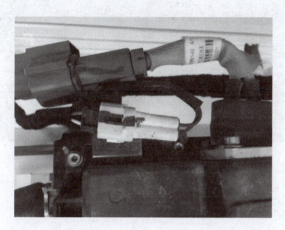

图 4-60　PTC 连接螺栓

15. 检查 PTC 绝缘性

电动汽车的空调取暖系统 PTC 加热器需要高压部件，需要检查 PTC 正、负极的绝缘性是否符合技术要求。以大众 ID.4 为例，检查方法如下：

在高低压断电及电容放电后，根据高压电控总成接口所示，用数字绝缘测试仪在 DC 500 V 的，测试 PTC 正、负极与车身之间的绝缘电阻是否>500 MΩ，若未达到，则必须更换。

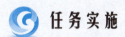 **任务实施**

一、实训场地和器材

新能源汽车作业工位、新能源汽车整车。

二、作业准备

将刮水器运行至复位位置，关闭启动停止按键及所有用电器。

三、操作步骤

（1）检查洗涤液液位，如图 4-61 所示。

（2）检查洗涤液冰点是否合格。

（3）检查风窗玻璃清洗装置。调节后风窗玻璃清洗装置，喷射位置在玻璃的下部 1/3~1/2 处，如图 4-62 所示箭头 A 区域。如果喷嘴（图 4-62 箭头 B 区域）堵塞，可用针或细金属丝伸入孔中清理阻塞物；若喷嘴喷射的方向有偏差，可用一字螺丝刀调整喷射方向。

图 4-61　洗涤液液位

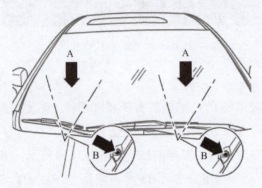

图 4-62　风窗玻璃清洗装置检查

（4）检查并调整驾驶人侧风窗玻璃刮水片，检查刮水片尖端是否位于定位点位置，如图 4-63 箭头所示，如不在该位置，则需要调整刮水臂位置。

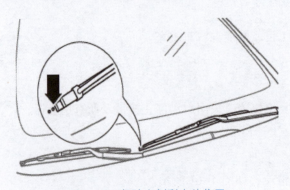

图 4-63　驾驶人侧刮水片位置

（5）检查并调整前排乘客侧风窗玻璃刮水片，检查刮水片尖端是否位于定点位置，如图 4-64 箭头所示，如不在该位置，则需要调整刮水臂位置。

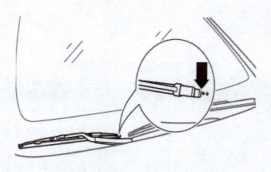

图 4-64　前排乘客侧刮水片位置

四、竣工检验

整理、恢复作业场地。

五、实训任务总结

小组讨论并汇总刮水洗涤系统的检查顺序、检查项目及具体内容，并将小组成员做得不到位的地方记录下来。

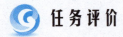任务评价

刮水洗涤系统检查考核评分标准

序号	作业项目	考核内容	配分	评分标准	评分记录	得分
1	安全操作	能按要求完成安全操作	20	1. 能进行设备和工具安全检查；（5分） 2. 能进行车辆安全防护操作；（5分） 3. 能进行工具清洁、校准、存放操作；（5分） 4. 能进行"三不落地"操作（5分）		
2	刮水洗涤系统检查顺序	能按流程进行刮水洗涤系统检查	10	能按流程进行刮水洗涤系统检查（10分）		
3	刮水洗涤系统检查内容	能采用正确步骤进行刮水洗涤系统检查	40	1. 能正确检测洗涤液的液位；（10分） 2. 能正确检测洗涤液的浓度；（10分） 3. 能正确对刮水系统进行检测；（10分） 4. 能正确对刮水系统进行调节（10分）		
4	资料使用及工单填写	能正确使用维修手册并填写工单	15	1. 正确使用维修手册查询资料；（5分） 2. 能够正确查询线束插接器端子的含义；（5分） 3. 正确填写工单，字迹清晰（5分）		
5	工具使用及现场6S管理	能正确使用工具并按6S管理要求进行	15	1. 正确使用洗涤液液位检测仪；（5分） 2. 能正确使用刮水片调节设备；（5分） 3. 现场6S管理（5分）		
分数总计			100			

任务拓展

一、填空题

1. 空调系统由_____、_____和_____组成。
2. 制冷的四个过程：_____、_____、_____和_____。
3. 车灯是_____和_____的工具。

二、选择题

1. 下列属于内部车灯的是（　　）

A. 顶灯　　　　　　B. 雾灯　　　　　　C. 转向灯　　　　　D. 制动灯

2. 热风由高压直流电通过（　　）器件发热产生热量，由空调鼓风机风扇吹到车内。

A. DC/DC　　　　　B. PTC　　　　　　C. BMS　　　　　　D. VCU

3. 用于夜间显示车身宽度和长度的灯是（　　）。

A. 日间行车灯　　　B. 前组合灯　　　　C. 位置灯　　　　　D. 牌照灯

三、简答题

1. 请简述空调系统检查前的准备工作。

2. 请简述新能源汽车刮水洗涤系统检查的工作顺序。

任务一

新能源汽车故障应急处理

教学目标

知识目标

(1) 了解新能源汽车常见故障应急处理方法。

(2) 了解高压触电基本知识及基本急救方法。

技能目标

(1) 能按标准流程开展常见故障应急。

(2) 能按照标准流程开展电击急救。

素质目标

(1) 在操作过程中培养团队合作、项目沟通能力，乐于探索新鲜事物。

(2) 培养安全意识，提高安全防护意识。

情景导入

李伟在一家 4S 店的维修车间实习，某天接到一位购车客户的电话，客户反馈该车无法解锁。作为汽车维修人员，李伟应该如何告知车主开展应急处理？

信息获取

一、应急启动与更换遥控钥匙电池

(一) 应急启动

通常，新能源汽车除高压动力电池外，还有低压蓄电池为车辆的低压用电器供电，若因 12 V 蓄电池放完电无法启动汽车，则可通过跨接电缆连接另一辆汽车的 12 V 蓄电池进行应急启动。

1. 应急启动正极接点

在车辆前舱内的 12 V 蓄电池上，可以找到用于应急启动的正极接点（+）。

2. 应急启动负极接点（接地端）

车辆的车身接地，原则上前舱内的车身螺栓连接点（没有绝缘漆面覆盖）均可作为应急启动的负极（接地端）。大众 ID.4 车型上在前舱蓄电池上方有螺栓接地点，如图 5-1 所示。

图 5-1　车身上的负极（接地点）

3. 连接应急启动电缆

按照规范连接应急启动电缆，按照厂家维修手册要求，按顺序①—②—③连接，如图 5-2 所示。

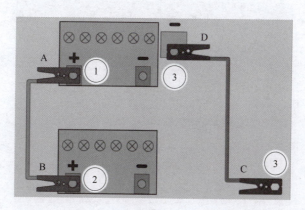

图 5-2　蓄电池应急启动电缆连接

跨接起动

4. 进入行驶准备就绪状态

启动供电汽车的电机并让其怠速运转或接通电动汽车的点火开关；随后，使 12 V 蓄电池电量耗尽的汽车（本车）进入行驶准备就绪状态。

使用完后取下应急启动电缆。

（二）手动解锁或闭锁车门

当车钥匙失效时，需要手动解锁车辆才可进入，相关步骤如下：

1. 拔出应急钥匙

按压车钥匙解锁按钮，向外翻出钥匙头，继续按压解锁按钮，向外拉出应急钥匙，如图5-3所示。每一款车钥匙设计结构不同，但大多可以在车钥匙上找到机械钥匙解锁按钮，进而可以拉出机械钥匙。

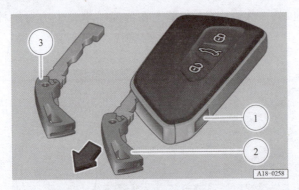

图5-3　解锁应急钥匙

①—车钥匙解锁按钮；②—钥匙头；③—机械钥匙

2. 撬开盖罩

ID.4车型机械钥匙孔在盖罩后面，需要手动撬开盖罩，在门把手下方有撬孔，将机械钥匙插入撬孔，轻轻向外即可撬开盖罩，此处注意，为避免撬的过程中划伤车漆，可在机械钥匙下覆盖毛巾、餐巾纸等物品，操作如图5-4所示。

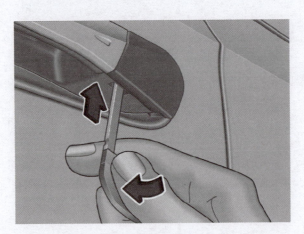

图5-4　撬开盖罩

3. 解锁车辆

露出机械钥匙孔后，如图5-5所示，插入机械钥匙，顺时针转动应急钥匙即可闭锁车辆，逆时针转动应急钥匙即可解锁车辆。用力拉开驾驶员侧车门把手即可打开车门，重新安装盖罩。

需要注意的是，采用此方法进入车辆可能会触发防盗警报，需执行应急启动操作：进入车辆后将车辆钥匙置于中控台下部的饮料罐托架中，如图5-6所示。再踩下制动踏板或者按压启动/停机按钮即可进入行驶准备状态，退出防盗警报。启动/停机按钮位于方向盘转向柱右侧。

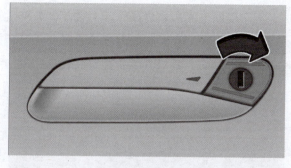

图 5-5　解锁车辆

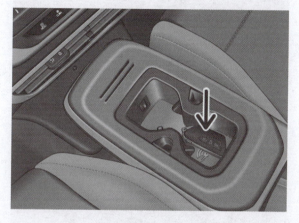

图 5-6　应急启动功能

4. 手动闭锁车辆

　　一般情况下使用机械钥匙即可闭锁车辆，必要时可手动闭锁车辆。首先，在车门处拆下带有锁形符号的橡胶密封圈，接着，将钥匙头插入槽口并旋转，最后，关闭车门并检查车门是否已经闭锁，操作如图 5-7 所示。

图 5-7　手动闭锁功能

当解锁主驾车门后，其他车门可以在车内通过拉动开门拉手解锁并打开。

（三）应急开启后备厢盖

当出现紧急情况时，如车辆断电无法通过操作开关触发电机解锁或车内人员需要紧急从车内逃出车辆，部分车型生产厂家会在后备厢内部设置应急开启开关，此开关为纯机械开关，用手打开后备厢内护板处的应急开启开关护盖（按图5-8箭头方向打开），拨动应急解锁开关（按图5-9方向拨动开关）可在断电情况下从车内打开后备厢盖。

应急开启车门和
应急启动的操作

图5-8　后备厢盖内侧的应急开启开关护盖

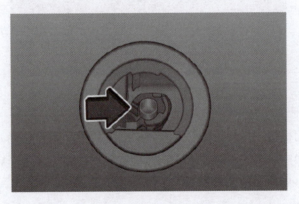

图5-9　沿箭头方向拨动应急解锁开关

（四）更换遥控钥匙电池

大众ID.4车型搭载无钥匙进入及无钥匙启动功能，当车钥匙无法执行闭锁解锁功能、钥匙上的指示灯不闪烁时，说明车钥匙电量不足，需要更换车钥匙中的电池。

1. 钥匙功能

大众ID.4车钥匙上具有三个按钮和一个指示灯，如图5-10所示，①表示解锁车辆，此时所有转向信号灯闪烁两次。②单独解锁尾门，按压后尾门开启并且所有转向信号灯闪烁两次。③闭锁车辆，所有转向信号灯闪烁一次。当车钥匙工作时，④指示灯会闪烁。

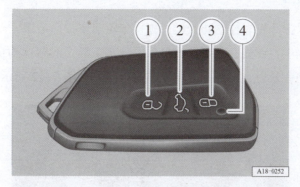

图 5-10　车辆钥匙

2. 更换电池

拔出机械钥匙，将机械钥匙插入车钥匙盖板，轻轻向上撬开钥匙盖板，如图 5-11 所示。

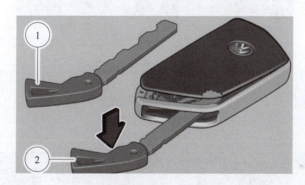

图 5-11　打开钥匙盖板

取下钥匙盖板后，取下电池，将新的 20 mm 纽扣电池放入车钥匙内，并将盖板重新压回钥匙壳体上固定。此处注意，要使用大小、规格、电压均相同的电池，以免损坏车钥匙。

二、更换轮胎、保险丝

（一）更换轮胎

更换遥控器电池的操作

目前的新能源汽车车重较大，大众 ID. 4 CROZZ 车型整车整备质量 2 130 kg，并且新能源汽车动力性较好，尤其是在起步、加速阶段，导致轮胎负荷较大，易出现故障。更换车轮需要注意以下几点：①更换轮胎具有一定危险性，在更换时务必注意安全！②更换轮胎时，车内所有乘员，尤其是儿童，必须下车到安全的场所等待。③汽车地面须平整坚实，必要时，可用一块垫板放在千斤顶下面。④更换前车辆最好开关点火开关，打开驻车锁 P。

1. 取出车轮螺栓盖罩

车轮上有用于保护车轮螺栓的防护帽，更换车轮前要拔出盖罩，安装好车轮后须全部重新装上。拆卸过程中，首先，需要取出后备厢随车工具中的钢丝钩；其次，将钢丝钩插入防护帽上的开口中；最后，沿箭头方向拔出防护帽，如图5-12所示。

图5-12　取出螺栓盖罩

2. 千斤顶举升车辆

找到千斤顶的支撑点，将千斤顶放置在车辆需要举升的车轮最近的举升点，千斤顶支撑点如图5-13所示。

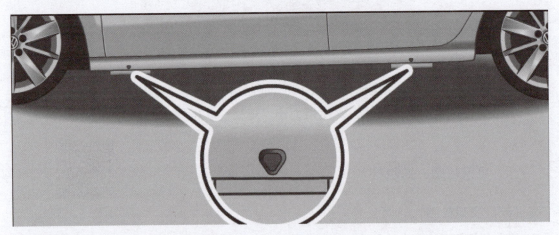

图5-13　千斤顶支撑点

放置好千斤顶后，升高千斤顶，并调整千斤顶的位置，使之处在举升点的正下方。需要确保千斤顶底座紧贴路面，继续用摇把升高千斤顶，边摇边调整千斤顶位置，直至千斤顶卡爪卡住车身下的棱边。继续用摇把升高车辆，直至车轮刚好离开地面，如图5-14所示。

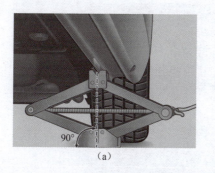
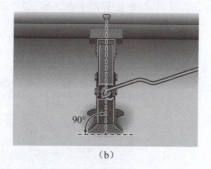

（a）　　　　　　　　　　　　　　　（b）

图 5-14　调整千斤顶位置

使用千斤顶过程中注意请勿将身体任何部位（手臂或者脚）放置于车辆下，谨防受伤。

3. 拆卸安装车轮

用车轮螺栓套筒扳手拧下车轮螺栓，将拆下的螺栓放置于干净表面，拆下车轮，注意，首次拆卸车轮时，车轮螺栓较紧，拆卸过程中需注意安全。

拿出备用轮胎，核对备用轮胎的识别字码，备用轮胎最好与原车轮规格型号相同，拧入所有其他车轮螺栓，然后用车轮螺栓套筒扳手沿顺时针方向稍稍拧紧车轮螺栓。

降下车辆，用车轮螺栓套筒扳手沿顺时针方向沿对角拧紧车轮螺栓，使车轮螺栓受力更加均匀。最后安装好车轮盖罩。

更换车轮后，做好现场 6S，将拆下车轮妥善放好，尽快使用扭力扳手检查螺栓拧紧力矩，后续尽快修复车轮。目前大部分汽车随车携带的备用轮胎均不是全尺寸轮胎，更换好车轮后应尽快修复轮胎。

（二）更换保险丝

1. 保险丝位置

电路图（见图 5-15）中的保险丝，使用符号┣━━━━┫加上编号表示，如 SA5，表示保险丝座 A 上的第 5 个保险丝。S 表示保险丝，A 表示保险丝座号码，5 是保险丝序号。

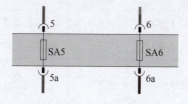

图 5-15　保险丝电路

保险丝安装在保险丝座中，通过电路图可以查找到保险丝座和保险丝的详细信息。大众车型保险丝盒通常有 SA、SB、SC 三个，其中 SA、SB 位于前舱盖中，SC 位于驾驶室内，图 5-16 为前舱盖中保险丝盒，里面有保险丝及相应继电器，保险丝为 SB 开头。

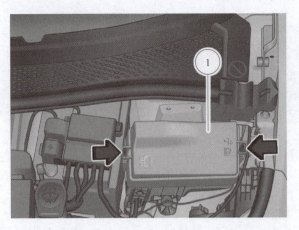

图 5-16　前舱盖中保险丝盒

SC 保险丝盒位于驾驶舱内，在驾驶员侧仪表板内，首先需要把手伸到保险丝盒盖板后面，沿箭头方向拉出保险丝盒盖板，里面的保险为 SC 保险丝，如图 5-17 所示。

图 5-17　驾驶员侧保险丝盖板

在汽车电路图中会给出各个保险丝的含义，通常数个用电器可能共用一个保险丝，也可能一个用电器配备数个保险丝。表 5-1 所示为大众某车型发动机车上的保险丝座 A。

表 5-1　大众某车型发动机车上的保险丝座 A

编号	电路图中的名称	额定值	功能	端子
1	保险丝座 A 上的保险丝 1-SA1	10 A	自动变速箱控制器 J217	30
2	保险丝座 A 上的保险丝 2-SA2	5A	机油油位和机油温度传感器 G266	15
3	保险丝座 A 上的保险丝 3-SA3	5A	发动机控制器 J623 空气质量流量计 G70	15
4	保险丝座 A 上的保险丝 3-SA3	5A	发动机控制器 J623	30
5	保险丝座 A 上的保险丝 5-SA5	10 A	燃油定量阀 N290 燃油压力调节阀 N276 燃油计量阀 2-N402	87
6	保险丝座 A 上的保险丝 6-SA6	15A	发动机控制器 J623	87

续表

编号	电路图中的名称	额定值	功能	端子
7	保险丝座 A 上的保险丝 7-SA7	15A	凸轮轴调节元件 1-F366 凸轮轴调节的执行元件 12-F377 凸轮轴调节阀 1-N205 凸轮轴调节阀 2-N208 进气管风门阀 N316	87

2. 更换保险丝

首先需要关闭点火开关、车灯及所有用电器，然后按照图 5-16 方向打开前舱里的保险丝盒盖板，向上取下保险丝盒，注意在更换保险丝过程中，不得将水带入保险丝盒。

保险丝从形状上看主要有扁平式保险丝和方块式保险丝，如图 5-18 所示。

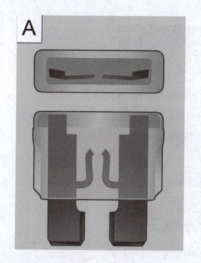 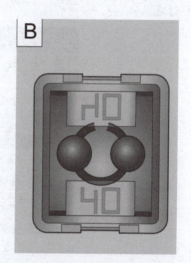

图 5-18　保险丝形状

可用保险丝盒子上的保险丝塑料钳拆下保险丝，通过包裹金属片的透明壳体顶部和侧面观察其内的金属片熔化状态，鉴别其是否熔断。熔断的保险丝必须用额定电流（可从颜色和标记加以区别）及尺寸与原保险丝均相同的新保险丝更换。

更换保险丝时需注意以下几点：

①大众 ID 系列在方向盘下方饰板后 SC 保险丝盒里有救援用保险丝，有一个特殊的标志，请勿自行更换这个保险丝。

②不得安装额定电流更高的保险丝，只能使用相同电流强度和尺寸的保险丝。

③不得修理损坏的保险丝。

④不得用金属条、回形针等替代保险丝。

三、车辆抛锚与救援拖车

车辆因自身故障或者发生事故抛锚时，需要严格按照相关规定进行操作。

（一）车辆抛锚

车辆抛锚时需要打开危险警示灯，穿上反光警示马甲。将车辆停在远离主车道的合适路面上，所有乘员必须下车，到安全场所等待，例如安全护栏的后侧。按照规定将三角警告牌设立在相应位置，白天在城市道路一般将警示牌放置于车辆后方 50 m 的地方，如果是高速公路则要把警示牌放置于 150 m 的地方（成人大概 200 步的距离）。按照法规规定，车辆在出厂时应配备应急救援包，三角警告牌在应急救援包中，当遇到突发情况时，驾驶员的操作如下：

（1）打开危险警报灯（双闪），尽快将车辆驶离正常行驶路面，以免被后续车辆追尾造成伤害。

（2）穿好反光警示马甲，如图 5-19 所示。车主务必将反光警示马甲存放在车内储物箱内，以备不时之需。

图 5-19　反光马甲

（3）下车后，从后备厢拿出三角警告牌，并在相应位置放好。安排随车人员立即下车到安全位置等待。部分车辆三角警告牌在尾门上，如图 5-20 所示。

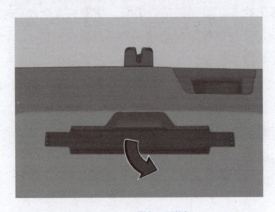

图 5-20　尾门三脚架

（4）拨打救援电话给车辆售后服务中心，如果发生事故及时联系交警及 120 救援。

（二）车辆失火时应对方法

目前，新能源汽车都装载有大容量动力电池，在发生事故或者意外情况下，可能会导致失火。2020 年 5 月 12 日，工业和信息化部组织制定的 GB 18384—2020《电动汽车安全要求》、GB 38032—2020《电动客车安全要求》和 GB 38031—2020《电动汽车用动力蓄电池安全要求》三项强制性国家标准（以下简称"三项强制标准"）由国家市场监督管理总局、国家标准化管理委员会批准发布，于 2021 年 1 月 1 日起开始实施。

其中，《电动汽车用动力蓄电池安全要求》在优化电池单体、模组安全要求的同时，重点强化了电池系统热安全、机械安全、电气安全以及功能安全要求，试验项目涵盖系统热扩散、外部火烧、机械冲击、模拟碰撞、湿热循环、振动泡水、外部短路、过温过充等。特别是标准增加了电池系统热扩散试验，要求电池单体发生热失控后，电池系统在 5 min 内不起火不爆炸，为乘员预留安全逃生时间。

当新能源汽车发生意外可能失火时，驾乘人员可按照下列步骤进行操作：

（1）关闭点火开关；

（2）打开危险警示灯；

（3）将三角警告牌设立在相应位置，以引起过往车辆驾驶员的注意；

（4）人员立即离开危险区域，并进行急救；

（5）拨打 119 消防热线，并告知消防部门本车是一辆电动汽车；

（6）与失火车辆保持足够的安全距离，等待救援。

新能源汽车动力电池为锂电池，失火时，会持续放热并产生大量含有氢气、甲烷、乙烷等的可燃混合气体，如果内部的化学反应仍在继续，在外部明火被扑灭后，容易发生反复复燃现象。再加上锂离子电池狭小密闭空间的结构特点，在安全阀失效的情况下，能量的积压足以引发爆炸，相关人员请勿在燃烧的车辆附近逗留。

（三）紧急呼叫系统

目前，车辆均装备了紧急呼叫系统（E-call），车上的紧急呼叫系统默认是开启的，操作原件位于顶棚上，如图 5-21 所示。

图 5-21　紧急呼叫系统（保护按钮盖）

通过紧急呼叫可以在危险情况下尽快组织救援帮助。它会与官方救援中心建立语音连接。此外，与紧急呼叫相关的法律要求的数据会自动传输到救援中心，例如当前的车辆位置信息等。当车辆安全气囊或安全带拉紧器触发后，该系统会自动与救援中心建立连接，如果接通后来自呼叫中心的问询始终无法得到回复，则会自动启动救援措施。

紧急呼叫系统的服务连接由原厂安装的控制单元创建，为了确保在发生重大事故后该功能依旧能够正常使用，需要额外的供电，因此该系统有一套独立于车载电网的内置电池。

车内顶棚上的紧急呼叫系统有一个保护按钮盖，打开后可见一个指示灯和一个 SOS 按钮，如图 5-22 所示。

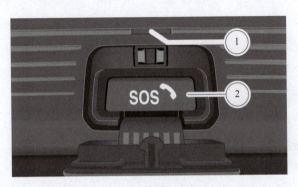

图 5-22　紧急呼叫系统

1—指示灯；2—SOS 按钮

指示灯根据车辆上紧急呼叫系统的运行状态，会显示不同的颜色和发光顺序。紧急呼叫系统指示灯颜色及含义如表 5-2 所示。

表 5-2　紧急呼叫系统指示灯颜色及含义

颜色	含义
黑色	指示灯熄灭：紧急呼叫系统不可用
红色	点火开关打开后，指示灯持续闪烁红色约 20 s，表示系统已关闭
红色	指示灯持续红色：系统故障，紧急呼叫系统受限或不可用
绿色	指示灯点亮绿色：紧急呼叫系统可用，车辆系统已准备就绪
绿色	指示灯闪烁绿色：紧急呼叫已激活

当车主需要手动触发紧急呼叫系统时，按照下列步骤操作：

（1）按一下盖板 SOS 并且翻开盖板。

（2）按下紧急呼叫按钮数秒，紧急呼叫被触发后并与救援中心建立语音热线。

（3）与救援中心取得联系，报告当前车辆具体情况及位置，等待救援。

如果不慎误触了紧急呼叫中心，请立即取消紧急呼叫。由于该系统内置电池，当电池出现故障时，组合仪表显示屏上会显示 SOS 故障：紧急呼叫系统，出现信息后车主可以前往 4S 店检修并更换内置电池。

需要注意的是，该系列不一定能正常工作，原因如下：

（1）当前车辆所在区域紧急呼叫系统无法接收移动信号和 GPS 接收较弱。

（2）电信运营商 2G/3G 移动网络信号不可用。

（3）紧急呼叫系统电池故障不可用。

（4）车辆点火开关未打开。

（四）救援拖车

当车辆动力系统受限无法正常行驶时，例如动力电池馈电，需要借助其他车辆进行牵引。牵引前车辆需做好相应准备工作，车辆点火开关必须处于打开状态，使电子转向柱锁保持分离状态，并且转向信号灯、喇叭、风窗刮水器/清洗器处于可工作状态；制动助力器和转向助力器只在车辆进入行驶准备状态时方可工作，否则需要驾驶员加大力量踩下制动踏板以及进行转向操作；关闭电子驻车制动器；确保牵引绳始终拉紧；挡位处于空挡位置。

牵引环一般位于车辆后备厢工具包中，安装前需从后备厢随车工具中取出牵引环，如图 5-23 所示。

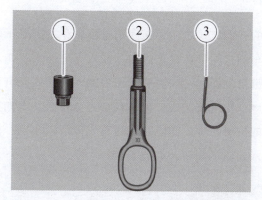

图 5-23 随车工具

①—防盗车轮螺栓接头；②—牵引环；③—钢丝钩

按压车辆前头盖板的左侧区域，松开盖板卡扣，如图 5-24 所示。打开盖板让其悬挂在车辆上。

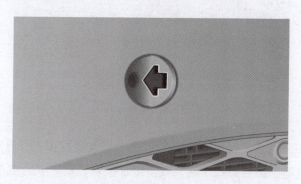

图 5-24 前保险杠上右侧：取下盖板

将牵引环沿逆时针方向牢固拧入支座，这里必须将牵引环按照旋入螺纹孔内，并确保安全拧紧，否则牵引时可能会损坏螺纹孔，如图5-25所示。

图5-25　前保险杠上右侧：拧入牵引环

牵引完毕后，将盖罩装入相应凹槽并压入，直至卡止，牵引环用完后清洁好放回随车工具中。

四、充电应急操作

充电是新能源汽车的补能方式之一，在使用过程中车主需要正确使用充电枪与车辆进行连接充电。充电枪与车辆之间带有锁止机构，插入充电插头时如未按下把手上的机械按键，将听到锁止声，按键自动弹起，则插头已正确插入；插入充电插头时如按下把手上的机械按键，将没有锁止声，松开按键后，按键自动完全弹起，则插头已正确插入；拔出充电插头时需按下把手上的机械按键。需要充电时首先应解锁车辆，按下车辆后方蓄电池充电盖，将充电枪平行插入充电插座中，如图5-26所示。

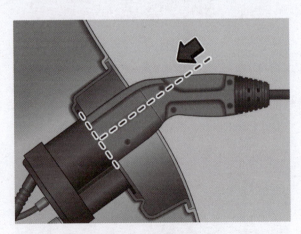

图5-26　充电操作

正常充电过程中，组合仪表显示屏会显示充电枪连接标识，并且提示充电剩余时间。当车主想要结束充电时，需要解锁车辆，点击组合仪表显示屏中的功能按键（立即结束），此时充电插座上的充电过程指示灯会亮起白色，激活充电设置中的结束充电（插头自动释放），充电插头将被解锁。然而，现实中由于车主误操作、充电枪匹配、车辆或充电站故障等问题，车主可能无法顺利拔下充电枪，这时，需要使用充电插头应急解锁来拔出充电枪。操作步骤如下：

（1）打开车辆尾门；

（2）转动后备厢内右侧的锁止机构并沿着箭头方向打开盖板，如图 5-27 所示。

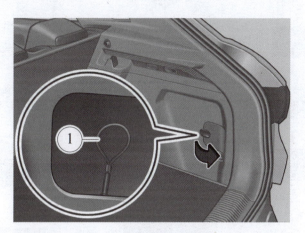

图 5-27　解锁充电插头拉环

（3）拉动图 5-27 中①拉环，然后从充电插座上拔下充电插头。重新装回盖板并锁止。

通过此方式强行解锁充电插头时，充电插头上可能还带有电压，如果触摸就会导致触电事故，因此不得触摸充电插头。

五、电击事故急救处理流程

（一）电击事故急救

所有急救行动的总目标是在不危害健康的情况下尽可能保证遇事故人快速救治，必须执行所有步骤（按正确顺序），只有这样才能完成急救的救护链。当发生电击事故后，应该按照标准规范流程处理，如图 5-28 所示。

进行触电急救时，首先使触电者脱离电源，就是要把触电者接触的那一部分带电设备的开关、刀闸或其他断路设备断开或设法将触电者与带电设备脱离，然后进行相应处理。解除触电方法一般为拉、切、挑、拽、垫。

附加有电源开关或插座时，应立即拉下开关或拔下电源插头，如图 5-29 所示，但应注意普通的电动开关只能断开一根导线，有时由于安装不符合标准，可能只断开零线，而不能断开电源，人身触及的导线仍然带电，不能认为已切断电源。如果距开关、插座较远或者断开电源有困难应迅速用绝缘性能良好的钢丝钳或断线钳将电源线切断，已断开电源，此时应防止带电导线断落触及其他人。对于由导线绝缘损坏造成的触电，当导线在触

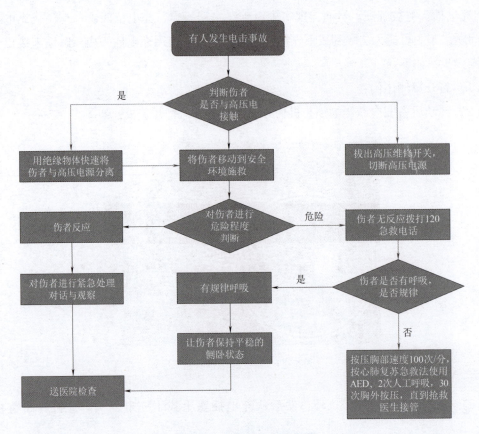

图 5-28　电击事故处理流程

电者身上或压在身下时，可用绝缘拆卸工具、干燥的木棒、竹竿等挑开导线使其脱离电源，如图 5-30 所示。救援人员可用几层干燥的衣服将手裹住或者站在干燥的木板、木桌或绝缘垫等绝缘物上，用一只手拉触电者的衣服，使其脱离电源，千万不要赤手直接去拉触电者，以防造成群伤触电事故，如图 5-31 所示。如触电者由于肌肉痉挛，手指紧握导线不放松或者导线缠绕在其身上时，可首先用干燥的木板塞进触电者身下使其与地绝缘，然后采取其他方法切断电源，如图 5-32 所示。

图 5-29　断开开关或插接器

图 5-30　断开开关或插接器

图 5-31　站在绝缘物上

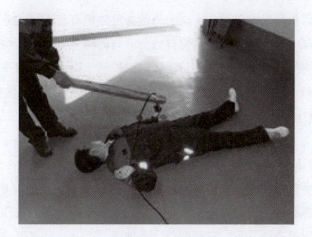

图 5-32　挑开缠绕导线

抢救触电者使其脱离电源后，应立即就近移至干燥、通风场所，再根据情况迅速进行现场救护。同时应立即通知医护人员到现场并做送往医院的准备工作。

抢救过程中要根据伤者的不同情况进行抢救，具体操作如下：

（1）如果触电者伤情不重，神志清醒，但有些心慌，四肢发麻，全身无力或者触电者曾一度昏迷但已经醒过来，应使其就地平躺在通风保温的地方，这时应使触电者安静休息，暂时不要站立和走动，严密观察，并请医生前来诊治或送往医院。

（2）如触电者神志不清，应就地仰面躺平，且确保气道通畅，并用 5 s 时间判定触电者是否意识丧失。禁止摇动触电者头部来呼叫伤员。

（3）如触电者意识丧失，应在 10 s 内用"看、听、试"的方法判定触电者呼吸情况，用"探"的方法判断触电者的心跳情况。

（4）如果触电者已失去知觉，但心脏跳动和呼吸还存在，应使触电者舒适、安静地平卧，周围不要围人，使空气流通，解开其衣服以利于呼吸。如天气寒冷，要注意保温，防止其感冒或冻伤。同时要速请医生救治或送往医院。如果发现触电者呼吸困难、稀少或发生痉挛应准备好心跳或呼吸停止后立即做进一步抢救。

（5）如果触电者已无知觉、呼吸停止或者心脏跳动停止，应立即就地正确使用心肺复苏法，包括人工呼吸和胸外按压法进行抢救。

（二）急救基本方法

急救即紧急救治的意思，是指当有任何意外或急病发生时，施救者在医护人员到达前，按医学护理的原则，利用现场适用物资临时及适当地为伤病者进行初步救援及护理，然后从速送往医院。急救的目的是保存生命——恢复呼吸、心跳，止血，救治休克，防止伤势恶化——处理伤口。心肺复苏法支持生命的三项基本措施是畅通气道、人工呼吸和胸外按压（人工循环）。

1. 急救的体位

急救分为单人急救和双人急救，不同的急救人员数量有着不同的急救体位。单人抢救体位：施救者位于触电者一侧肩部，两腿自然分开与肩同宽，跪于该侧肩胸部水平。避免在实施人工呼吸与胸外心脏按压时来回移动膝部，以利于操作，如图 5-33（a）所示。双人抢救体位：一人跪于触电者头部水平位，进行人工呼吸，另一人跪于触电者胸部水平位，进行胸外心脏按压，如图 5-33（b）所示。

2. 胸外按压方法

胸外按压正确的部位是胸骨中下 1/3 交界处的正中线或剑突上 2.5~5 cm 处，如图 5-34 所示。施救者以左手食指和中指在肋弓中间滑移至两侧肋弓交点处（胸骨下切迹），然后将食指和中指横放在胸骨下切的上方，食指上方的胸骨正中部即为按压区，将另一只手的掌根紧挨食指放在触电者胸骨上，再将定位之手取下。

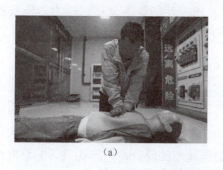
（a）

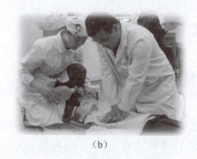
（b）

图 5-33　抢救体位

（a）单人抢救体位；（b）双人抢救体位

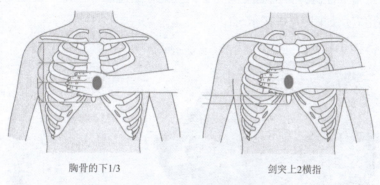

胸骨的下1/3　　　　　　　　　　剑突上2横指

图 5-34　胸外按压位置

　　胸外按压手势和姿势如图 5-35 所示，快速定位后，施救者马上将另一只手搭在定位手的手背上，双手重叠并十指交叉，相互扣起来，只能用掌根部与触电者的皮肤接触（压力局限在胸骨面积越小越好），定位手的五个手指必须全部翘抬起来，不允许接触触电者胸部皮肤，以免按压力量作用于触电者的两侧肋骨上，造成肋骨骨折。

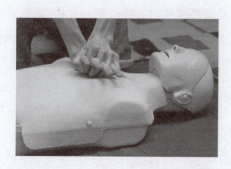

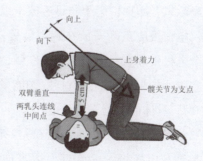

图 5-35　胸外按压手势和姿势

　　施救者双膝跪地以髋关节为支点，腰部挺直，双肩位于双手正上方不得偏斜，用上半身的重量往下施压（利用杠杆原理），要求双臂必须绷直，肩、肘、腕，三关节成一条直线，尤其是肘关节不得弯曲，无晃动或摇摆，并且手臂这条直线须与触电者胸部形成 90°，不能倾斜。利用上半身体重和肩、臂部肌肉力量垂直向下按压，放松时定位的手掌根部不要离开胸部按压部位，但应尽量放松，使胸骨不受任何压力。施救者的目光应始终盯着触电者脸部，全程观察其面部表情和面色改变，以便及时评估胸外按压是否有效。

3. 除颤仪的使用

除颤仪也称电复律机，是实施电复律术的主体设备，是目前临床上广泛使用的抢救设备之一。它用脉冲电流作用于心脏，实施电击治疗，消除心律失常，使心脏恢复窦性心律。它具有疗效好、作用快、操作简便以及与药物相比较为安全等优点。配有电极板，大多有大小两对，大的适用于成人，小的适用于儿童，使用前检查除颤器各项功能是否完好、电源有无故障、充电是否充足、各种导线有无断裂和接触不良。除颤器作为抢救设备，应始终保持良好性能，蓄电池充电充足，方能在紧急状态下随时实施紧急电击除颤。除颤仪及其使用方法如图 5-36 所示。

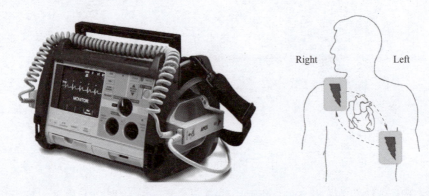

图 5-36 除颤仪及其使用方法

除颤仪的使用，首先需要迅速熟悉并检查除颤仪，各部位按键、旋钮、电极板完好，电能充足，将患者取平卧位，操作者位于患者右侧位，迅速开启除颤仪，调试除颤仪至监护位置，显示患者心律，用干布迅速擦干患者胸部皮肤，将手控除颤电极板涂以专用导电胶；除颤仪电极板应正确安放在胸部位置：一个电极板放在胸骨外缘上部、右侧锁骨下方。另一个电极板放在左下胸、乳头左侧，电极板中心在腋前线上，并观察心电波型，确定是否为室颤。如果为室颤，选择除颤能量，首次除颤用 200 J，第二次用 200~300 J，第三次为 360 J。具体的使用方法如下：

（1）按压除颤仪充电按钮，使除颤仪充电；

（2）除颤仪电极板紧贴胸壁，适当加以压力，确定周围无人员直接或间接与患者接触；

（3）除颤仪显示可以除颤信号时，双手同时协调按压手控电极两个放电按钮进行电击；

（4）放电结束不移开电极，观察电击除颤后心律，若仍为室颤，则选择第二次除颤、第三次除颤，并重复以上步骤。

课堂讨论

　　温馨提示：中车行2-1模块"新能源汽车动力驱动电机电池技术"中包含高压安全防护作业模块，在该模块中考核评价标准之一为防护工具的铺装、事故应急救援知识的了解及常见触电事故的应急处理方法等。同学们在日常学习、生产工作过程中，要始终牢记"安全第一"。

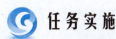

任务实施

电气危害及触电急救

一、实训场地和器材

　　新能源汽车作业工位、绝缘手套、绝缘鞋、绝缘安全帽、护目镜、防静电服、绝缘工具、安全锁、隔离桩、警示牌、绝缘垫、灭火器、车辆挡块、解码仪、千斤顶、牵引环、牵引绳等。

二、作业准备

　　作业前准备，包括场地布置、防护装备穿戴检查、仪器设备检查、随车工具是否齐全等。

　　保证车辆外观检查的准确性，整车和防护三件套6S操作。

三、操作步骤

1. 机械钥匙解锁车辆

（1）释放按钮取下机械钥匙。

（2）将机械钥匙插入驾驶人侧车门机械门锁内，逆时针转动钥匙解锁车辆，即可开启车门，如图5-37所示。

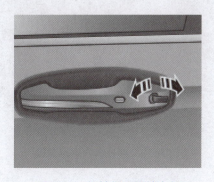

图5-37　机械钥匙解锁车辆

2. 更换遥控钥匙电池

（1）用机械钥匙取下遥控钥匙盖板，此处需注意撬的过程中动作要轻柔，防止撬伤盖板。

（2）抠下遥控钥匙电池，更换新的纽扣电池，如图 5-38 所示。

3. 更换保险丝

（1）打开前保险舱，找到 SA、SB 保险丝，拆开 SB 保险丝盒盖，用镶嵌在保险丝盖上的保险丝拔出器拔出保险丝。

（2）用万用表检测保险丝是否熔断，使用相同额定电流值的保险丝进行更换，如图 5-39 所示。

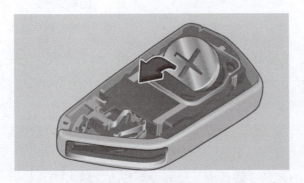

图 5-38　更换遥控钥匙电池　　　　　　　　图 5-39　更换保险丝

4. 更换备胎

（1）拆下轮胎：在车上找到随车工具，用工具拆下螺母盖，拿出随车工具中的扳手，按照对角交叉原则拆下车轮固定螺母，如图 5-40 所示。

图 5-40　拆下车轮固定螺母

（2）举升车辆：按照图 5-14 的方法举升一侧车轮。

（3）安装车轮：取出备胎，按照对角交叉原则安装车轮固定螺母，如图 5-41 所示。

图 5-41　安装车轮固定螺母

5. 慢充口应急解锁

（1）按照规范，解锁车辆，找到车辆慢充口。

（2）找到车辆应急慢充紧急拉锁并拉动。

四、竣工检验

整理、恢复作业场地。

五、实训任务总结

小组讨论并汇总车辆应急救援具体实施项目及具体内容，并将小组成员做得不到位的地方记录下来。

_____

_____

_____

_____

_____

_____

_____

_____

_____

_____

_____

🌀 任务评价

新能源汽车事故急救考核评分标准

序号	作业项目	考核内容	配分	评分标准	评分记录	得分
1	安全操作	能按要求完成安全操作	10	1. 能进行设备和工具安全检查；（5分） 2. 能进行车辆安全防护操作（5分）		
2	机械钥匙解锁车辆	能按流程使用机械钥匙解锁车辆	10	能按流程使用机械钥匙解锁车辆（10分）		
3	更换遥控器电池	能采用正确步骤更换遥控器电池	10	能按流程步骤更换遥控器电池（10分）		
4	更换保险丝	能正确更换汽车保险丝	30	1. 正确识图电路图；（10分） 2. 正确找到、拆装保险丝盒；（10分） 3. 正确更换保险丝（10分）		
5	更换备胎	能正确更换汽车备胎	20	1. 正确使用工具；（10分） 2. 正确使用千斤顶并更换备胎（10分）		
6	慢充口应急解锁	能正确解锁慢充口	10	能按流程步骤解锁慢充口（10分）		
7	实验室6S管理	能正确使用工具并按6S管理要求进行	10	1. 正确使用工具；（5分） 2. 现场6S管理（5分）		
分数总计			100			

🌀 任务拓展

一、填空题

1. 蓄电瓶正常工作电压是_____V，当低于正常工作电压时，会导致车辆无法正常解锁。

2. 汽车遥控器钥匙的正常工作电压是_____，且大多数遥控钥匙使用的遥控器钥匙电池类型为_____。

3. 汽车内部 SOS 按钮的含义为_____。

二、选择题

1. 下列方法无法正确打开车门的是（　　）。

A. 无钥匙进入系统 　　　　　　　B. 遥控解锁

C. 机械钥匙解锁 　　　　　　　　D. 砸开玻璃从内部解锁

2. 下列不属于汽车保险丝作用的是（　　）。

A. 过载保护 　　　　　　　　　　B. 切断电路

C. 正常供电 　　　　　　　　　　D. 电磁保护

3. 车辆抛锚时，下列操作规范的是（　　）。

A. 继续在车内等候 　　　　　　　B. 停在马路中间

C. 立即开启双闪，车辆靠边 　　　D. 下车查看

三、简答题

1. 请简述发生电击后的应急救援方法。

2. 请简述 E-call 系统工作原理。

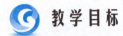

新能源汽车清洗、美容及装饰

教学目标

知识目标

(1) 了解新能源汽车的清洗方法。

(2) 熟悉新能源汽车的漆面美容方法。

技能目标

(1) 能正确清洗新能源汽车。

(2) 能正确对新能源汽车进行漆面护理作业。

素质目标

(1) 在操作过程中培养团队合作、项目沟通能力。

(2) 培养批判性思维和创新意识、合作意识。

情景导入

王博在一家4S店的维修车间实习，某天主管让他对一辆新能源汽车进行漆面护理，要求护理完后对客户的车辆进行精洗，并在完成后及时向车主反映情况，结合客户的反馈来考验他的实习效果。他如何才能完成这项任务？

信息获取

一、新能源汽车的清洗

（一）新能源汽车清洗与传统车的区别

1. 底盘

传统汽车的清洗主要步骤为外观检查、喷洒泥沙松散剂、冲洗泥沙松散剂、喷洒洗车水蜡、擦洗汽车外观、刷拭缝隙、冲洗清洗剂、清除柏油、擦拭汽车外观、清洁脚垫、内饰除尘、清洁玻璃、清洁天窗、清洁仪表台及门内饰板、皮革座椅清洁上蜡、车身缝隙清洁、擦干门边、轮胎上蜡、全车质检，最后为6S管理。

新能源汽车与传统汽车最大的区别在于新能源汽车的高压系统，高压系统中的零部件、接插件以及控制电路都对防水防尘有一定要求。

新能源汽车的底盘一般装有整块的电池组，它也是全车防水做得最好的部位之一，不过冲洗时要避免高压直接冲洗。可以选择常压的冲洗方式，从侧面用较小的水压冲洗，如图 5-42 所示。

图 5-42　新能源汽车底盘清洗

2. 充电口

新能源汽车的充电口清洁，可使用毛巾进行擦拭或压缩空气清洁，要避免用高压水进行清洁，避免水流进入导致触点腐蚀、短路，引发车辆故障，如图 5-43 所示。

图 5-43　新能源汽车充电口清洗

3. 电驱动系统

如图 5-44 所示，新能源汽车带有驱动电机系统，动力是由电机带动。从构造上来说，由于都是采用电子元件，具有防尘、防水、防护性能，防水性好，但是与驱动电机相连接的减速器可能会有散热孔，要尽量避免其受潮。

图 5-44　新能源汽车电驱动系统清洗

4. 高压系统连接器

新能源汽车上有诸多高压部件及高压连接器，比如高压配电箱、DC/DC 转换器、PTC 加热器、OBC 车载充电器、压缩机等。这些连接部件需要使用高压线连接，车载高压连接线一般用橙色线缆，用以醒目提示。这些高压部件不能使用高压水进行清洁，可使用压缩空气或用抹布进行清洁，如图 5-45 所示。不然会破坏高压连接部分的防水、防尘性能。

图 5-45　新能源汽车高压部件清洗

(二) 新能源汽车清洗注意事项

新能源汽车清洗相较于传统汽车，主要需要考虑高压系统防护，尤其是动力电池，动力电池是新能源汽车的核心部件，它的防水等级一般是最高的。下列是新能源汽车清洗时需要注意的事项。

（1）清洗新能源汽车时，水枪的水压不要过大，尽量保持在中低压以下，避免对新能源汽车的某些部件造成损害。

（2）清洗新能源汽车之前，一定要注意拔掉汽车钥匙，关闭车内的所有电源，以免意外漏电造成人员伤亡。同时还要关闭所有的车门车窗，防止有水进入，造成车辆部件的损坏。车辆风干之前，要避免在太阳下长时间暴晒，暴晒会导致电路老化加快，还要避免电子元件受潮而损坏。

（3）清洗新能源汽车的过程中，一定注意不要让水流进入车体充电插座以及其他车内的插座，以免造成短路。

（4）不要直接对着底盘冲洗，要从侧面用较小的水压冲洗，以免水直接接触电池，造成短路甚至造成人员的伤亡。

（5）清洗新能源汽车的充电接口时，可以使用湿抹布进行擦拭，要避免水流进入车身线路，引发触电事故。

（6）清洗车辆时车身温度不宜过高，如果刚刚在烈日下行驶之后就对车辆进行清洗，就会对车辆本身造成一定的损坏，根据相关的技术人员解释：最好待车身温度降到 40 ℃以下再进行清洗。

在擦拭车身表面时不要使用硬刷子或者太过粗糙的工具，避免刮伤车身表面，应该使用专业的清洁工具，如专用海绵、软布等比较柔软的工具。在擦拭的过程中切忌太过用力，力度适合即可。

二、新能源汽车漆面护理

无论是新能源汽车还是传统汽车，汽车车身外表面的漆面质量一直备受消费者的关注。汽车使用过程中，因为所处环境不同，其漆面会出现不同程度的失光，从而影响漆面的美观及造成车身腐蚀等，运用正确的漆面护理方式，可以恢复漆面原来的样貌，并提高车身的使用寿命。

新能源汽车的清洗

（一）漆面失光护理

汽车在日常使用中，经常收到风吹、日晒、雨淋的影响，当车漆与氧化性物质相互作用时，在车漆表面形成氧化层。又或者是漆面遭受一定损伤后变得凹凸不平，产生光线漫射，从而使漆面视觉效果恶化。汽车漆面失光后，汽车表面就会失去光泽，变得暗淡，从而影响汽车的整体美观性。造成漆面失光的原因很多，比如涂料、使用、不正规清洗等。

（1）涂料方面的原因：不同涂料的耐候性、耐光性、耐擦伤性有所差异，在使用过程中涂料本身会产生褪色、失光，如图 5-46 所示。

图 5-46　新能源汽车漆面失光

（2）汽车使用方面的原因：使用环境的影响，如在环境污染、盐雾严重的沿海地区，车身漆面易遭受腐蚀，使有害物质侵入导致漆面褪色、失光。

（3）不当清洗的原因：所用水质不洁净、清洗剂质量差，使用碱性较强的清洗剂会直接侵蚀漆面，使漆面失光。冲洗时水压过高，使车身漆面受到冲刷而失色。洗车方法不当，如不先冲就擦拭，车身漆面上有浮尘、砂粒，使漆面擦伤而出现划痕，使漆面失色失光，如图 5-47 所示。

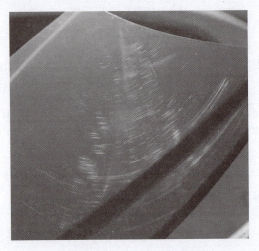

图 5-47　清洗造成漆面失光

（4）透镜效应：透镜效应是指当车表漆面上存有小水滴时，由于水滴呈扁平凸透镜状，在阳光的照射下，对日光有聚焦作用，从而导致漆面被灼蚀，出现用肉眼看不见的小孔洞，漆面就会出现失光，如图 5-48 所示。注意要及时将车表的雨滴、水珠擦净。

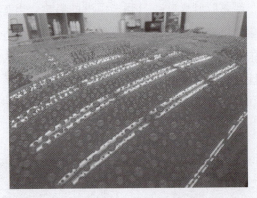

图 5-48　透镜效应造成漆面失光

（5）自然老化：漆面受氧化腐蚀难以避免，从而使漆面逐步老化，褪色和失光只是漆面老化的其中一种外在表现，如图 5-49 所示。

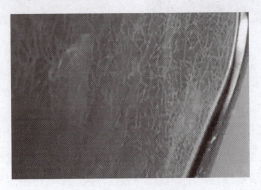

图 5-49　自然老化造成漆面失光

漆面失光后影响车辆美观，需要对车身漆面进行护理作业。

1. 自然氧化不严重或浅划痕导致的失光

针对自然氧化不严重的失光以及浅划痕，通常可采用抛光研磨的方法进行处理。漆面抛光一般流程为：清洁—研磨—清洁—精抛—细抛—清洁，如图 5-50 所示。注意不要对喷涂哑光漆部件进行抛光处理，以免其发亮。

图 5-50　漆面抛光过程

2. 自然氧化严重的失光

如果漆面失光严重，则需要重新对车身漆面进行喷涂，如图 5-51 所示。

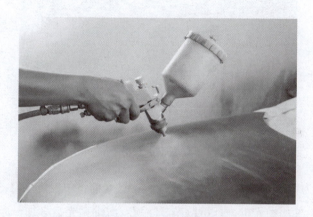

图 5-51　车身漆面喷涂

（二）漆面划痕护理

汽车使用过程中，其漆面会出现不同深度、宽度的划痕，既影响漆面的美观，也影响漆面的质量，从而最终会影响到车辆板件的使用寿命，通过漆面抛光、打蜡或者重新喷涂可以恢复漆面原本质量，提高车辆的使用寿命及美观度。漆面划痕包括发丝划痕、浅度划痕、中度划痕、深度划痕等类型。针对划痕深度的不同，其护理方法技巧也有相应的区别，针对可抛光修复划痕及不可抛光修复划痕的护理修复作业也不同。

1. 可抛光修复划痕

此类划痕一般的处理流程为：遮蔽—粗研磨—细研磨—粗抛光—细抛光—镜面还原—清洁检查。

（1）遮蔽：对除车身以外的大灯等其他部位进行遮蔽作业，如图 5-52 所示。

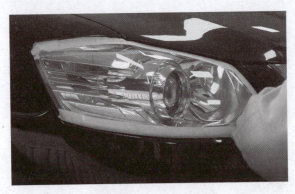

图 5-52　遮蔽

（2）研磨：方法同其他漆面处理类似，使用手磨板及粗水磨砂纸进行打磨，去除油漆表面的轻微划痕，使用细砂纸对漆面再次进行打磨，最大限度减少前次打磨产生的打磨痕，如图 5-53 所示。

图 5-53　研磨

（3）抛光：分为粗抛光和细抛光。粗抛过程中抛光前将中粗蜡摇匀，取适量抛光蜡均匀涂在海绵抛光轮上，使用抛光机进行粗抛光。注意：海绵抛光盘必须干净干燥，一边抛光一边观察，直至漆面出现光亮。抛光时不要长时间在一处停留，以免漆面过热、抛漏漆面。

细抛时取适量抛光细蜡均匀涂在海绵抛光盘上，使用抛光机进行细抛光，注意抛光海绵需润湿并洁净，一边抛光一边观察，直至漆面光亮饱满，如图 5-54 所示。

图 5-54　抛光

（4）镜面还原：取适量镜面抛光蜡均匀涂在海绵抛光盘上，进行镜面还原抛光。注意检查抛光海绵是否洁净，边抛光边观察，去除抛光后的车漆仍残存的一些发丝划痕、机器旋转印、花纹等，使车漆还原到漆色原有光泽，如图5-55所示。

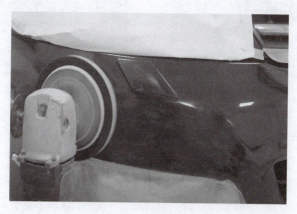

图5-55　镜面还原

（5）清洁检查：抛光结束后，对整个车身进行清洁，彻底洗去残余抛光剂。对抛光效果进行检查。漆面缺陷完全去除，色泽饱满并达到镜面效果，无任何发丝划痕、机器旋转印等，如图5-56所示。

图5-56　清洁检查

新能源汽车的抛光、打蜡

2. 不可抛光修复划痕（穿透清漆层）

（1）如漆面未发生明显变形，无须整形重新喷涂中涂底漆、底色漆清漆，其修复流程一般可分为打磨、清洁、喷涂底漆、喷涂清漆。

打磨：检查底层涂漆是否附着完好，对中涂层及面漆层的刮伤部分进行打磨，使之平整、光滑。

清洁：清洁除油及遮蔽。

喷涂底漆：对损伤打磨区进行中涂底漆喷涂，干燥后进行打磨，使表面光滑无缺陷。注意：如划伤未伤透中涂底漆层，可以不施涂中涂底漆。

喷涂清漆：喷涂底色漆、喷涂清漆，使漆面恢复颜色和光泽，如图5-57所示。

图 5-57　面漆喷涂

（2）如漆面发生明显变形，需原子灰整形后重新喷涂中涂底漆、底色漆清漆。修复流程如下：

清洁：清洁板件损伤区，打磨羽状边。

刮涂原子灰：刮涂原子灰填充凹陷，干燥原子灰、打磨原子灰，如图 5-58 所示。

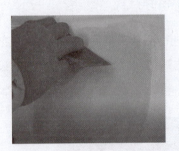

图 5-58　原子灰施工

喷涂底漆：对损伤打磨区进行中涂底漆喷涂，干燥后进行打磨，使表面光滑无缺陷。

喷漆：喷涂底色漆、喷涂清漆，使漆面恢复颜色和光泽，如图 5-59 所示。

图 5-59　面漆施工

中国汽车走向世界

　　汽车工业调查数据显示，2023 年 9 月，我国汽车产销分别完成 285 万辆和 285.8 万辆，同比分别增长 6.6% 和 9.5%。其中，新能源汽车产销分别完成 87.9 万辆和 90.4 万辆，同比分别增长 16.1% 和 27.7%。中汽协预计 2024 年我国汽车全年出口量有望突破 450 万辆，我国奇瑞、长安、长城等自主品牌都已布局海外。

　　这一成就彰显了中国汽车在技术、价格、质量、设计等方面受到海外市场的青睐，也象征着中国已经在全球范围内成为汽车领域的强国。

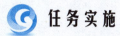 **任务实施**

一、实训场地和器材

防护装备：常规实训装备。

实训车辆：大众 ID.4。

专用工具、设备：汽车举升机、汽车清洗工具、水枪、洗车泡沫、抹布等。

手工工具：组合工具、机油滤清器拆装扳手。

辅助材料：干抹布、润滑脂、防冻液、润滑油。

二、作业准备

作业前准备，包括场地布置、防护装备穿戴检查、仪器设备检查等。

三、操作步骤

1. 结合实际车型配置，参考以下步骤对大众 ID.4 的车身外部进行清洗。

确认车辆是否停好。

首先使用温度适宜的水冲洗外表面，软化污物。

其次用软海绵、清洗手套或清洗刷略微用力清洗车辆。从车顶开始，并从上往下继续清洁。

再次用吸尘器或手工清除树叶或其他散落物，如图 5-60 所示。

最后清洁车轮、车门槛和类似部件。清洗中注意不要用水直接喷淋导线、插头等部位。

2. 对大众 ID.4 车辆内部进行清洗，方法如下：

使用清洁剂清洗车窗玻璃、后视镜等部位。

使用内饰清洁剂清洗车辆内部纺织品、超细纤维布、人造皮革等部位。使用无绒棉布或中性皂液清洗真皮座椅部位。

图 5-60　清除树叶或其他散落物

用潮湿的软布清洁内部塑料件、镀铬、铝制或不锈钢装饰件、装饰条。

用软毛刷清除操作按键大块污物，接着用一块软布和少许中性皂液清洁操作元件。注意不得有液体进入操作元件内。使用一块软布和少许清水、普通玻璃清洁剂或 LCD 清洁剂。不得在干燥状态下清洁显示屏。如要清洁信息娱乐系统显示屏，则暂时将其关闭。

将安全带完全拉出，然后让安全带织带保持拉伸。用软刷清除大块污物。用中性皂液清洁安全带。使安全带织物完全干透，然后再卷回。对于容易褪色的面料，例如牛仔布的座椅软垫，褪色并不会影响织物的性能。座椅内可能安装了安全气囊部件及电气插头。如坐垫和靠背损坏，或未按规定清洁和处理座椅，或被水湿透，则可能损坏车辆电气装置，或导致安全气囊系统发生故障。

四、竣工检验

清洁、整理、恢复作业场地。

五、实训任务总结

小组讨论并汇总车辆清洁的操作项目及具体内容，并将小组成员做得不到位的地方记录下来。

_____

_____

_____

_____

_____

_____

_____

_____

_____

_____

_____

_____

_____

_____

 任务评价

车辆内外饰的养护与清洁

序号	作业项目	考核内容	配分	评分标准	评分记录	得分
1	安全操作	能按要求完成安全操作	10	1. 能进行设备和工具安全检查；（5分） 2. 能进行车辆安全防护操作（5分）		
2	设备使用	能正确使用设备	10	1. 能正确使用举升机；（5分） 2. 能正确使用高压水枪（5分）		
3	清洗车辆	能采用正确步骤进行车辆清洗	40	1. 能正确使用高压清洗机；（10分） 2. 能正确手工洗车；（20分） 3. 能正确驻车（10分）		
4	车辆外部养护与清洁	能正确对车辆进行外部清洁	15	1. 正确选择清洗剂、清洗工具；（5分） 2. 正确清洁车窗玻璃、排水槽、前机舱、装饰件、照明灯、车轮、车门锁芯等部件（10分）		
5	车辆内部养护与清洁	能正确对车辆内部进行清洁	15	1. 正确选择清洗剂、清洗工具；（5分） 2. 正确清洁车窗玻璃、人造革或真皮座椅、塑料件、装饰条、操作元件、显示屏、安全带等部件（10分）		

序号	作业项目	考核内容	配分	评分标准	评分记录	得分
6	工具使用及现场 6S 管理	能正确使用工具并按 6S 管理要求进行	10	1. 正确使用工具；（5分） 2. 现场 6S 管理（5分）		
	分数总计		100			

🌀 任务拓展

一、填空题

1. 抛光流程一般为_____、_____、_____、_____、_____、_____。

2. 新能源汽车防水等级最高的高压部件是_____。

3. 清洗新能源汽车之前，一定要注意拔掉_____，关闭车内的所有_____。

二、选择题

1. 下列不属于新能源汽车高压部件的是（　　）。

A. 动力电池系统　　　B. 电驱动系统　　　C. 空调系统　　　D. 仪表

2. 车身漆面失光的原因不包括（　　）。

A. 透镜效应　　　B. 自然老化　　　C. 不当漆膜处理　　D. 正常清洗

3. 车身划痕修复一般不包括（　　）。

A. 遮蔽　　　　　B. 研磨　　　　　C. 抛光　　　　　D. 打蜡

三、简答题

1. 请简述新能源汽车清洗与传统汽车的区别及注意点。

2. 请简述车身如何修复划痕。

参 考 文 献

[1] 王亮 . 新能源汽车使用与维护 [M]. 北京：电子工业出版社，2022.

[2] 李晶华，李穗萍 . 新能源汽车使用与维护 [M]. 北京：机械工业出版社，2018.

[3] 焦传君，何英俊 . 新能源汽车使用与维护 [M]. 北京：机械工业出版社，2018.

[4] 胡敏艺，蒋光辉 . 新能源汽车使用与维护 [M]. 北京：机械工业出版社，2022.

[5] 周定武，赵建明 . 新能源汽车维护 [M]. 北京：机械工业出版社，2023.

[6] 袁兆鹏，徐夕玲，杨荣华 . 新能源汽车维护与保养 [M]. 北京：中国人民大学出版，2022.

[7] 杨小刚 . 新能源汽车维护与保养 [M]. 北京：北京理工大学出版社，2020.

[8] 蔡晓兵，樊永强 . 新能源汽车维护与保养 [M]. 北京：机械工业出版社，2020.